**Grüner Silberrücken
Ansichten eines Jungsenioren
Klaus Tischler**

Grüner Silberrücken

Ansichten eines Jungsenioren

Klaus Tischler

Grüner Silberrücken
Ansichten eines Jungsenioren
von Klaus Tischler

Ein Buch aus dem WAGNER VERLAG

Umschlaggestaltung: post@kayserdesign.com

Entwurf: Elena Tischler

1. Auflage

ISBN: 978-3-86683-419-4

Bibliografische Information der Deutschen Bibliothek
Die Deutsche Bibliothek verzeichnet diese Publikation in der
Deutschen Nationalbibliografie; detaillierte bibliografische Daten sind
im Internet über http://dnb.ddb.de abrufbar.

Die Rechte für die deutsche Ausgabe liegen beim
Wagner Verlag GmbH,
Zum Wartturm 1, 63571 Gelnhausen.
© 2008, by Wagner Verlag GmbH, Gelnhausen
Schreiben Sie? Wir suchen Autoren, die gelesen werden wollen.

Das Werk ist einschließlich aller seiner Teile urheberrechtlich geschützt. Jede
Verwertung und Vervielfältigung des Werkes ist ohne Zustimmung des Verlages
unzulässig und strafbar. Alle Rechte, auch die des auszugsweisen Nachdrucks und
der Übersetzung, sind vorbehalten! Ohne ausdrückliche schriftliche Erlaubnis des
Verlages darf das Werk, auch Teile daraus, weder reproduziert, übertragen noch
kopiert werden, wie zum Beispiel manuell oder mit Hilfe elektronischer und me-
chanischer Systeme inklusive Fotokopieren, Bandaufzeichnung und
Datenspeicherung. Zuwiderhandlung verpflichtet zu Schadenersatz.

Wagner Verlag ist eine eingetragene Marke.

Alle im Buch enthaltenen Angaben, Ergebnisse usw. wurden vom Autor nach
bestem Wissen erstellt. Sie erfolgen ohne jegliche Verpflichtung oder Garantie des
Verlages. Er übernimmt deshalb keinerlei Verantwortung und Haftung für etwa
vorhandene Unrichtigkeiten.

Druck: dbusiness.de, 10409 Berlin

Inhaltsverzeichnis

Prolog: Generation Fünfzig-plus	8
Curriculum vitae	15
Das Kind im Manne – oder – „Der kleine Unterschied"	26
Der Zahn der Zeit	36
Kinder, Kinder – wie die Zeit vergeht!	43
Diamantene Hochzeit	51
Dress-Code	58
Gefährliche Zeiten	67
Großes Kino	77
Spätfrühling	83
Sex im Alter	86
Böhmer on Tour	93
Im Rücken	101
Zeitung am Morgen	112
Das Trinken im Allgemeinen und im Speziellen	118
Ein neues Auto	132
Haus und Wohnen	141
Selbstverwirklichung	149
Ausstieg – aber wann?	156
Ansichten zur Vergänglichkeit	167

Prolog: Generation Fünfzig-plus

Hätte ich vor hundert Jahren gelebt, so wäre ich jetzt tot – sicher. Doch vermutlich hätte ich auch mein jetziges Alter kaum erreicht. Im Jahr 1900 lag die Lebenserwartung von Männern in Deutschland bei vierundfünfzig Jahren. Fünfzigjährige wurden von einer Sechzig-Stunden-Arbeitswoche aufgefressen. Die Durchschnittsfamilie fünf Generationen zurück hatte 5,8 Kinder. Man fragt sich, wann und wie es bei der hohen Arbeitsbelastung überhaupt noch möglich war, diese Nachwuchsmengen zu produzieren. Lust im heutigen Sinne spielte dabei wohl nur eine untergeordnete Rolle. Das Leben des überwiegenden Teils der Bevölkerung war geprägt von den Zwängen der Existenzsicherung. Kurz und knapp: Der deutsche Mann schuftete sich ab bis ins Grab; für die Frauen galt sicherlich Ähnliches, aber das soll hier nicht Gegenstand der weiteren Überlegungen sein.

Aus heutiger Sicht ist ein solches Leben weitgehend unvorstellbar. Der von Max Weber beschriebene Geist der protestantischen Arbeitsethik scheint unserem Volk in den letzten fünfzig Jahren abhanden gekommen zu sein. Wir leben nicht mehr, um zu arbeiten, jedenfalls nicht ausschließlich. Aus dem Wirtschaftswunderland ist langsam aber unaufhaltsam ein Freizeitpark geworden, wie es uns ein Politiker vor ein paar Jahren mal um die Ohren gehauen hat. Wir haben mittlerweile die längsten Ferien, die höchsten Freizeitausgaben, den zweithöchsten Bierkonsum, eine der niedrigsten Geburtenraten, sind neben der Mongolei das einzige Land ohne Geschwindigkeitsbegrenzung auf Autobahnen und gelten als Urlaubsweltmeister. Dazu kommt ein wachsender Gesellschaftsanteil, der sich zwar in einer an sich aktiven Lebensphase befindet, sich aber mit der Alimentation durch die Sozialsysteme weitgehend abgefunden hat.

Studenten gelingt es, das Examen so lange hinauszuzögern, bis man gleich in den vorgezogenen Ruhestand wechseln kann; Beschäftigte von Großkonzernen und Beamte werden teilweise mit weniger als 50 Jahren in die Frühverrentung geschickt. Ich sollte mich an dieser Stelle nicht arrogant aufblasen, denn ich bin Mitglied dieses Systems. Mit meinen fast sechzig Jahren muss ich mir eingestehen, dass ich zu der Generation gehöre, die den aktuellen Zustand der Gesellschaft wesentlich mit herbeigeführt und geprägt hat.

Vielleicht sollte ich auch mit einer gewissen Demut anmerken, dass ich dabei einer gesellschaftlichen Gruppe angehöre, die es in dieser Form vor hundert Jahren noch gar nicht gab. Hätte ich der damaligen Lebenserwartung ein Schnippchen geschlagen, so wäre ich ein Greis, der als Bestandteil eines größeren Familienverbundes seinen letzten kärglichen Jahren entgegensieht. Den Opa hätte ich abgegeben, der in seinem Lehnstuhl zahnlos dem Treiben der Enkelkinder zuschaut – freud- und geistlos, ein nutzloser Esser, der für die echte Männerarbeit zu alt ist und die Frauenarbeit weder tun möchte noch tun darf.

Dazu muss gesagt werden, dass ich beim Zurückverfolgen meiner Ursprünge nur auf so genannte kleine Leute gestoßen bin, auf Landarbeiter und Handwerker. Als ich einmal ein deutsches Fahndungsbuch zu sehen bekam, stellte ich fest, dass mit meinem Familiennamen auf mehr als fünf Seiten Verdächtige gesucht wurden, die ganz offensichtlich in der einen oder anderen Form mit dem Gesetz in Konflikt geraten waren. Untertanengeist und kriminelle Energien scheinen also meine genetische Disposition zu bestimmen.

Unter diesen eher ungünstigen Ausgangsbedingungen kann ich allerdings auf ein halbes Jahrhundert zurückblicken, das so schlecht nicht war. Man könnte sogar behaupten, ich gehöre zu einer Generation, deren Lebensumstände so gut sind wie es die Menschheit bisher noch nicht erlebt hat. Von der Dramaturgie her kann man sogar feststellen, dass es dabei immer Richtung Norden gegangen ist (Kleinaktionäre werden wissen, was ich meine). Fast sechzig Jahre Frieden. – Hat es das überhaupt schon mal seit dem Mittelalter in Deutschland gegeben? Dazu die Zeiten des Wirtschaftswunders, in denen sich der materielle Wohlstand entwickelte, der bis heute andauert (von Bratkartoffeln über die Currywurst bis zu Scampis auf Champagnersorbet). Parallel dazu entwickelte sich die Freiheit des Geistes: Nach dem Spießertum der durch das braune Reich geprägten Elterngeneration waren wir Bestandteil der Gegenbewegung mit Flower-Power, Love, Peace und Rock 'n' Roll, sexueller Revolution und antiautoritären Kinderläden. Heute blicken wir auf eine Multi-Kulti-Gesellschaft, die vom doch weitgehend toleranten Nebeneinander verschiedener Lebensmodelle geprägt ist.

Die Mittfünfziger von heute, also meine Altersgenossen und ich sind eine Erfindung der Moderne, ein Entwicklungssprung der Evolution innerhalb einer Generation, eventuell auch eine breit angelegte Mutation, begünstigt durch die Einflüsse der Industriegesellschaft und der Postmoderne. Die Wissenschaften stehen bei der Erforschung des Phänomens „homo post quinquanginta" erst am Anfang. Biogenetik und Soziologie sind über die Forschungsstufe fragwürdiger Hypothesen noch nicht hinaus. Das beginnt schon mit der Namensgebung für diese Laune der Natur. So spricht die veröffentlichte Meinung seit vielleicht zehn Jahren plötzlich von „Jungsenioren", was schon deshalb eine Sprachverirrung ist, weil es einen Widerspruch in sich selbst enthält. Die Amerikaner titulieren uns als „Golden Ager", was aber auch daneben liegt, da die meisten silbergrau daherkommen, wenn überhaupt noch etwas sprießt. Die Formulierung „Best Ager" will uns immerhin einreden, es wäre die beste Entwicklungsstufe von allen, die wir erreicht haben. Diese Einschätzung hängt allerdings stark vom Beurteilungsmaßstab ab. Wenn ich meinen Rücken frage, antwortet mir der, dass er schon bessere Tage hatte. Eher neutral klingt da die Bezeichnung „Generation Fünfzig-plus". Allerdings verharmlost sie auch die Brisanz und das Konfliktpotenzial, welches in der rasanten Ausbreitung irgendwie jung gebliebener Alter steckt.

Was sind nun die wesentlichen Kennzeichen dieser meiner Generation, die uns so einmalig macht? Das Alter ist es zunächst nicht, denn Alte gab es schon immer. Man nannte sie Greise. Die Greise, an die ich mich noch aus meiner Kindheit erinnere, waren klein, gebückt, zahnlos und wurden als etwas vertrottelt wahrgenommen. Außerdem kamen sie in der Öffentlichkeit nicht vor, da sie selten das Haus verließen. Wenn sie doch mal durchs Dorf gingen, so waren sie hilflos dem Spott und den üblen Streichen vorwitziger Jungen ausgesetzt.

Diejenigen, die uns heute als Greise bezeichnen würden, bekämen von uns schwer etwas auf die Mütze. Dabei wäre das nicht einmal diskriminierend, denn greis meint grau. Und grau sind die meisten von uns mittlerweile schon, und dazu stehen wir in der Regel auch, jedenfalls wir Männer. Graue Frauen dagegen sieht man äußerst selten. Sie können offensichtlich ihr alterndes Spiegelbild weniger ertragen. Deshalb haben sie Garnier, L'Oréal oder Schwarzkopf zu ihren Erfüllungsgehilfen gemacht, die mit Hilfe von „Kupfer" oder „grau mit blonden Strähnchen" den vermeintlichen Schein von unvergänglicher Jugend verbreiten sollen.

Das Alter der „Generation Fünfzig-plus" ist also zunächst eine Begleiterscheinung, eine Nebensächlichkeit, die bei der Gesamtwürdigung nur eine Randnotiz wert ist. Wichtiger erscheint, dass es plötzlich so viele von uns gibt. Es sind die geburtenstarken Jahrgänge der Nachkriegszeit, die mehr als fünfzig Jahre später eben fünfzig bis sechzig Jahre alt geworden sind. Und die meisten von damals sind heute noch da. Weder gab es Kriege noch Pest, Cholera oder andere Übel der Vergangenheit, die uns hätten dezimieren können. Allerhöchstens der sich entwickelnde Straßenverkehr mit seinen zunächst sehr liberalen Regeln hat einige von uns hinweggerafft. Die für die damaligen Verkehrsverhältnisse viel zu schnelle Kreidler Florett hat zu vielen meiner Altersgenossen in den Sechzigern den Tod auf zwei Rädern gebracht.

Wir scheinen auf absehbare Zeit unausrottbar zu sein. Die Wahrnehmung wird dabei dadurch verstärkt, dass es neben den Vielen von uns so wenige Junge gibt. Haben wir es vielleicht noch gerade hinbekommen, trotz der Pille die Reproduktionsrate auf Gleichstand zu halten, so scheinen wir doch in der Erziehung unserer Kinder versagt zu haben, wenn diese plötzlich die Lust am Sex oder zumindest die am Kinderkriegen verloren haben. Vielleicht war das ja auch nur ein geschickter Schachzug, um uns unersetzlich zu machen.

Wir sind also viele junge Alte, und wir sind präsent als wesentliche Stütze der Gesellschaft. Ohne uns läuft in diesem Lande nichts. Die wichtigsten Positionen in Politik und Wirtschaft haben wir durch unsere Repräsentanten besetzt. Da lassen wir uns auch nicht rausdrängen. Von Norbert Blüm über Thomas Gottschalk bis zu den Rolling Stones beherrschen wir die Szene und die öffentliche Meinung. Wir bestimmen in den Schulen, den Hochschulen, den öffentlichen Verwaltungen, den Parlamenten und auf den Golfplätzen. Unsere Zeit ist knapp, und wir sind ungeduldig. Wir können es nicht leiden, beim Arzt zu warten, beim Friseur oder beim Bäcker am Sonntagmorgen. Wir werden wahnsinnig beim Warten im Autobahnstau vor einem wichtigen Termin oder beim Kurztrip zum Gardasee.

Wir vielen wichtigen ungeduldigen Alten fühlen uns dabei nicht alt. Zwar fühlt sich auch meine siebenundachtzigjährige schon etwas gebrechliche Schwiegermutter nicht alt, aber unsere Generation lässt die Alterssymptome früherer Generationen gar nicht erst an sich heran. Wir sind starrsinnig flexibel, uneinsichtig dynamisch und rastlos aktiv. Wir könnten das Vorbild sein für die dreißigjährigen, Chips mampfenden und übergewichtigen Couchpotatoes, die Handy-Generation, die Europameister der Dicken – aber wahrscheinlich werden wir sie überleben.

Dabei ist es nicht der seit mindestens dreißig Jahren gepflegte Jugendwahn der Werbung, der uns nicht mental altern lässt. Die zwanzigjährigen magersüchtigen Muttis, die freudestrahlend ihren zwölfjährigen Kindern die vermatschten Spiegelböden mit einem einzigen Wisch reinigen oder die fünfundzwanzigjährigen Topmanager, die sich in der Mittagspause beim Joggen von einer Milchschnitte ernähren, sind uns eigentlich ziemlich egal. Wir leben nicht fremdbestimmt, unser Lebensgefühl hat sich von innen heraus entwickelt. Dazu hat sicherlich die weitgehend positive Lebenserfahrung beigetragen. Wir haben gelernt, dass etwas geht, wenn man es will. Das schafft schon eine gewisse Lockerheit im Umgang mit sich selbst. Klar, es ist nicht alles so gelaufen, wie wir uns das vielleicht in jungen Jahren vorgestellt haben. Aber das ist Schnee von gestern. Wir sind so, wie wir sind, können gelassen auf das Geschaffte zurückblicken und erwartungsvoll in eine selbstbestimmte Zukunft schauen.

Ein wichtiger Faktor zur Entwicklung dieses Lebensgefühls ist die materielle Ausstattung. Der Ausbau der Bildungssysteme in unserer Jugend (auch in den Sechzigern gab es schon eine vermeintliche Bildungskatastrophe), der Daueraufschwung während unserer beruflichen Entwicklung und die Bereitschaft unserer Politiker, selbst auf dem damals herrschenden Niveau ständig noch mehr für das Gemeinwesen auszugeben als man zur Verfügung hatte, haben unsere Generation in eine komfortable Hängematte gehievt. Diesen Reserve-Hüftspeck hat wohl noch keine Generation vor uns gehabt, und es ist auch unwahrscheinlich, dass unsere Nachfahren in absehbarer Zeit über so viel Kohle verfügen können wie wir. Dabei gilt für die meisten, dass die Zeiten ehemals vorhandener relativer Knappheit vorbei sind. Die Kinder sind aus dem Haus, wenn auch die Generation Praktikum noch unterstützt werden muss, die Bauspardarlehen sind getilgt, man hat im Prinzip alles Notwendige, was man an Ausstattung benötigt (mein Haus, mein Auto, mein Boot). Die meisten von uns haben also so viel frei verfügbares Einkommen wie noch nie zuvor im Leben.

Einige von uns jammern zwar auch über das fehlende Geld, aber seien wir ehrlich, dabei handelt es sich um ein Wehklagen auf reichlich hohem Niveau. Für das Selbstmitleid mancher Altersgenossen habe ich, ehrlich gesagt, kein Verständnis, handelt es sich dabei doch meistens um selbst verschuldete Altlasten. Wer zweimal in einer Ehe scheitert und über ein drittes Mal nachdenkt, sollte vielleicht vorher seine Bindungsfähigkeit überprüfen und seine Bereitschaft, auch mit denjenigen zu teilen, die einem später vielleicht nicht mehr so am Herzen liegen. Wer an den Schulden seiner insolventen Unternehmungen knapst, sollte über seine unternehmerischen Fähigkeiten nachdenken. Wer mit fünfzig arbeitslos wird und sich nutzlos fühlt, sollte mit der bisherigen Lebenserfahrung vielleicht was Eigenes beginnen.

Meine Generation, nennen wir sie „Generation Fünfzig-plus", soll nun Gegenstand der weiteren Ausführungen sein. Diese in der Evolution wahrscheinlich einmalige Spezies mit ihren körperlichen und mentalen Besonderheiten soll aus der Innensicht einer messerscharfen Analyse unterzogen werden. Dabei werden Tabus gebrochen und manche unbequeme Wahrheit zu Tage gefördert werden. Für einige meiner Zeitgenossen wird das schmerzlich sein. Vor dem Zustandsbericht meiner eigenen inneren wie äußeren Befindlichkeit werde ich dabei nicht zurückschrecken.

Curriculum vitae

Also beginne ich mit mir, einem vielleicht nicht ganz untypischen Vertreter dieser neuartigen Generation. 1950 in einer niedersächsischen Kleinstadt plumpste der kleine Peter als ein typisches Nachkriegsprodukt in die noch etwas graue und deformierte Welt. Meine Mutter hatte als Einheimische in den Flüchtlingswirren 1945 einen heimat- und orientierungslosen jungen Ex-Marinesoldaten aus Ostpreußen kennen und lieben gelernt. Die sich abzeichnende Verbindung der beiden wurde durch die äußeren Umstände wie beengter Wohnraum, ethnische und kulturelle Verschiedenheit, unterschiedlicher gesellschaftlicher Status nicht gerade gefördert. Man kann nicht sagen, ob es dem damaligen Zeitgeist, der genossenen Erziehung oder der großen Liebe zueinander zu verdanken ist, dass die kleinbürgerliche Beamtentochter und der mittellose Schneidergeselle Gemeinsamkeiten aufbauten, die mittlerweile mehr als sechzig Jahre gehalten haben.

In der nicht ganz konfliktfreien Atmosphäre des Elternhauses, das auch gleichzeitig Großelternhaus war, wuchs ich mit meinen zwei jüngeren Schwestern auf. Dabei waren die fünfziger Jahre, soweit ich mich daran noch erinnern kann, geprägt von einer gesellschaftlichen Neuorientierung der Menschen. Das braune Gedankengut hielt sich dabei in dem konservativ ausgerichteten kleinstädtischen Mief noch ziemlich intensiv fest. Mein Großvater, der als sozialdemokratischer Kommunalbeamter im unteren Dienst schon im Dritten Reich unter seiner politischen Ausrichtung gelitten hatte, konnte mit diesem Makel auch im Rahmen des Wiederaufbaus nicht punkten. In einer Großstadt hätte er vielleicht eine Chance auf eine Verwaltungskarriere gehabt, aber in unserem Städtchen regierte weiter das Kartell der Gestrigen. Seine Stimmung, die sich daraus ableitete, übertrug sich auf die gesamte Hausgemeinschaft, was auch den Kindern nicht verborgen blieb.

Meine Eltern dagegen waren beide ziemlich unpolitisch und hatten genug damit zu tun, irgendwie über die Runden zu kommen mit der kleinen Familie. Als Schneider war Vater dabei gut aufgestellt, hatte er schon 1947 auf etwas unübersichtlichen Wegen größere Mengen von alten Armeedecken aufgetrieben, aus denen er schicke Wintermäntel im Design der amerikanischen Mode herstellte und meistens gegen Naturalien eintauschte. Leider fehlte es ihm am unternehmerischen Geschick, sonst hätte daraus vielleicht eine erfolgreiche Unternehmerkarriere entstehen können.

Mit sechs Jahren kam ich in die Volksschule. An drei Dinge aus dieser Zeit kann ich mich noch gut erinnern. Da waren zunächst die Schulmöbel wie im Klassenzimmer aus der Feuerzangenbowle, an denen vermutlich mein Großvater mütterlicherseits schon geschnitzt hatte. Außerdem roch es dort auf eine einprägende Art und Weise – vermutlich nach einer Mischung aus Bohnerwachs und Desinfektionsmitteln; später bei meinen Besuchen in der DDR entdeckte ich diesen Geruch wieder. Bestimmte Gerüche vergisst man sein ganzes Leben nicht. Dann kann ich mich noch genau an Fräulein Ballmann erinnern, meine erste Lehrerin. Sie war eine zarte Person mit einem grauen Knoten und damals vielleicht in meinem heutigen Alter. Sie lebte allein, was wohl zu damaliger Zeit das Schicksal vieler Lehrerinnen war. Mein Vater behauptete, sie sei eine alte Jungfer, ohne dass ich damals wusste, was das konkret bedeutete. Ich liebte Fräulein Ballmann, besonders auch ihre irgendwie zarten Backpfeifen, die sie mit ihrer kleinen, immer etwas kalten Hand, dem damaligen Erziehungsmuster entsprechend, auf unsere Wangen einbrannte. Was ich überhaupt nicht liebte und was mich bis heute traumatisiert hat, war die Gestaltung des Musikunterrichts, der damals noch Singen hieß. Die Zeugnisnote in Singen ergab sich aus dem freien Vortrag eines Liedes vor der gesamten Klasse. Da ich schon damals nicht so recht verstand, die richtigen Töne zu treffen, bedachten meine Mitschüler meine Vorträge mit einem verachtenden Gelächter. Fräulein Ballmann gab mir im Singen ein Mangelhaft. Der Seelenschaden durch diese Bloßstellungen ist bis heute so tief, dass ich grundsätzlich nicht singe, nicht mal alleine unter der Dusche oder im Auto.

Mit zehn Jahren wechselte ich auf das städtische Gymnasium, nachdem ich die dreitägige Aufnahmeprüfung erfolgreich absolviert hatte. Das war schon etwas Besonderes für ein Kind aus so genannten einfachen Verhältnissen. War der Besuch des Gymnasiums doch eher den Kindern vom Pastor, Apotheker oder Fabrikdirektor vorbehalten. Meine Eltern hatten auch für die Realschule plädiert, aber Fräulein Ballmann hatte sich, meinem Wunsch folgend, bei ihnen durchgesetzt. Damit war ich der erste Böhmer, der sich in die Schichten des Bildungsbürgertums aufschwang. Nachbarn und Verwandte sahen meine Besonderheit, um die es sich offensichtlich handelte, auch mit gewissem Argwohn. Ein Onkel, der es auf seiner persönlichen Karriereleiter immerhin bis zum Oberkellner gebracht hatte, konnte mich bis zur Weißglut ärgern, wenn er in diesem Zusammenhang verächtlich vom Brettergymnasium sprach. Er wusste wahrscheinlich selbst nicht genau, was er damit zum Ausdruck bringen wollte, aber es verletzte mich tief.

Zunächst hatte ich meinem gesellschaftlichen Hintergrund entsprechend ziemlich große Ehrfurcht vor diesem großen, dunklen Gemäuer mit den riesigen Türen. Mit einsetzendem kritischen Beurteilungsvermögen stellte ich ziemlich schnell fest, dass bis auf wenige Ausnahmen meine Lehrerschaft aus altbraunen Faschisten und althumanistischen Spinnern bestand. Mein Respekt vor diesen Figuren entwickelte sich auch schnell zurück. Das Ergebnis war, dass ich insgesamt nur ein durchschnittlicher Schüler wurde. Das betraf sowohl meinen Arbeitseinsatz als auch die dokumentierten Ergebnisse.

Im Rahmen des wirtschaftlichen Aufschwungs entwickelte sich auch unsere Familie weiter. Durch eine große Umbaumaßnahme im Haus der Großeltern erhielten wir eine eigene Wohnung, was die latenten Spannungen zwischen Vater und Großvater deutlich reduzierte. Dann hatten wir zuerst einen Heinkel-Roller, später einen Fiat Jagst 770 Rivera mit permanenten Anlasserproblemen. Das wiederum führte dazu, dass wir mit einem Opel Kadett das erste richtige Auto bekamen. Den ersten Urlaub verbrachten wir am Steinhuder Meer, später fuhren wir mit dem Steilwandzelt nach Holland und noch später über die Alpen an die italienische Riviera. Meine Mutter blieb zeit ihres Lebens Hausfrau und versorgte Familie, Haus und Garten. Vater arbeitete bis zur Verrentung als Angestellter in einer Textilfabrik. Ich entwickelte mich, den Verhältnissen der sechziger Jahre weitgehend entsprechend, altersgerecht. Mit elf war ich das erste Mal verliebt, mit vierzehn küsste ich das erste Mädchen, mit achtzehn hatte ich den ersten Sex.

Der kritische Geist der rebellierenden Studentenjugend kam nur sehr gefiltert zu uns in die Provinz. Wir lasen die Pardon, spalteten uns in Anhänger von Beatles oder Stones und gingen im Anzug mit Nyltesthemd und Krawatte in die Diskothek. Ich formte mir mein Weltbild, indem ich Sartre las. Danach beschloss ich, Atheist zu werden. Im Rahmen meiner politischen Selbstfindung tendierte ich zur FDP (damals noch ohne Punkte). Zu meiner Entschuldigung aus heutiger Sicht muss ich dazu bemerken, dass die FDP damals vergleichsweise linksliberal daherkam. Ich rauchte Lucky Strikes, manchmal auch Pfeife mit Lincoln-Tabak, aber das garte mir die Zunge.

Nach dem Abitur rief mich die Bundeswehr. Das entsprach eigentlich nicht meinen Zukunftsvorstellungen, aber ich hatte auch nicht den Schneid, mich dagegen zu wehren. Wehrdienstverweigerung war damals nur etwas für die ganzen großen Kämpfer. Der Versuch, durch ein vorgetäuschtes Magenleiden der Wehrtauglichkeit zu entgehen, schlug fehl und so wurde ich Pionier. „Kein Mensch, kein Tier – ein Pionier", so musste ich mich damals von meinen Freunden, denen es allerdings auch nicht viel besser ergangen war, diskriminieren lassen. Die von mir während dieser Zeit erbrachten Leistungen beschränkten sich im Wesentlichen auf den Erwerb des Motorradführerscheins auf einer 250er Maico und der Steigerung der Trinkfestigkeit. Der Rekord lag bei einem Wochenend-Wachdienst, bei dem jeder der beteiligten Pioniere innerhalb von acht Stunden alleine eine Kiste Hannoversches Gildebräu mit zwanzig Halbliterflaschen schaffte. Wahrheitsgemäß muss ich hinzufügen, dass mir das nur dadurch möglich wurde, dass ich die erste Hälfte der Ration aus dem ersten Stock auf den Kasernenhof erbrach, um dann allerdings problemlos weiterzutrinken. Ein etwas sensibler Magen nach übermäßigem Alkoholgenuss ist mir seit dieser Zeit der Großeinsätze treu geblieben.

Ich wusste eigentlich nicht ganz genau, was ich nach meinen vaterländischen Semestern anfangen wollte, aber eins wusste ich genau: Ich musste raus aus dem heimischen Kleinstadtmief. Köln schien mir groß genug und weit genug weg von zu Hause. Mit einem komfortablen Bafög ausgestattet, begann ich, Soziologie und Volkswirtschaftslehre zu studieren. Die ganz heißen Zeiten von SDS und SHB waren an den Unis bereits vorbei, aber der von ihnen verbreitete Geist kam uns sehr entgegen. VWL in der dargebotenen Form mit den realitätsfremden Spielchen vom Pareto-Optimum oder vom Cournot'schen Punkt – wir waren an ganz anderen Punkten interessiert – und anderen Gedankenmodellen war ätzend und wurde von uns durch massive Kapitalismuskritik im Keime erstickt, zu jeder passenden oder auch unpassenden Gelegenheit. Soziologische Seminare waren da eher nach unserem Geschmack, gaben sie doch Gelegenheiten zur Selbstdarstellung in phrasenvollem Gedankenaustausch über das, was man sich gerade vorher mühsam bei Marcuse oder Horkheimer angelesen hatte. Viel wichtiger als die Uni war der Rest des Studentenlebens. Dazu gehörte das anarchische Leben in der WG in Ehrenfeld, das in einem diametralen Gegensatz zur vorherigen Wehrdienstzeit stand. Die Haare wurden länger, die Pullover kürzer, der Verstand häufig benebelt, was abwechselnd auf Sauren Paul und Gras zurückzuführen war. Die Nächte verbrachte ich vorwiegend in Underground-Diskotheken, fand Jimi Hendrix, Uriah Heep und Frank Zappa gut. Eigentlich war ich unpolitisch, mehr so ein Mitlatscher bei jeder sich bietenden Demo. Demos, Sit-ins und politisch orientierte Musikfestivals hatten für uns hauptsächlich die Funktion, dort Mädchen aufzureißen. Das war die Zeit, in der wir es den alten Säcken der Elterngeneration zeigten, zu den vorherrschenden Moralvorstellungen ein provozierendes Gegenmodell zu setzen. Wir ließen die Hüllen fallen, fanden leicht ein Mädchen, das mit uns ins Bett ging, ohne gleich an Verlobung oder Hochzeit zu denken und hatten insgesamt viel freizeitorientierten Spaß.

Auf einer dieser antiamerikanischen Demos lernte ich Kim kennen. Sie war eine süße kleine Person mit großen braunen Augen und langen schwarzen Haaren. Als Vietnamesin sollte die Tochter aus akademischem Haus im Land der Dichter und Denker Musik studieren. Ich verliebte mich sofort in sie. Umgekehrt dauerte es etwas länger, aber unter Ausnutzung ihrer beschränkten Kenntnisse der deutschen Sprache und Kultur ließ ich sie nicht mehr aus meinen Fängen. Von da an war erst einmal Schluss mit der freien Liebe.

Ich machte dann trotz innerer Widerstände mein Examen in VWL, wohl vor allem, weil ich dort eher Chancen vermutete, Kohle zu machen. Andererseits hatte ich aber keine Lust auf ein reglementiertes Leben in den Fängen kapitalistischer Ausbeutungsstrategien. So entstand die Idee, die Welt zu entdecken. Mit einem alten VW-Bus fuhr ich zusammen mit meiner kleinen Susi Wong Richtung Osten, letztlich landeten wir nach einem halben Jahr im Kiffer-Paradies Kathmandu. Zu erwähnen sei noch, dass wir vorher geheiratet hatten. Eigentlich war mir die bürgerliche Ehe zuwider, aber als Argument hatte die Vereinfachung der Reiseformalitäten mit einem deutschen Pass hergehalten. Letztlich wollte ich meine exotische Eroberung aber wohl auch vor feindlichen Übergriffen schützen. Vierundzwanzig Stunden am Tag gemeinsam miteinander zu verbringen und außer uns selbst nur das irgendwie vernebelte Erleben fremder Kultur zu haben, stellte sich aber als Überforderung unserer Gemeinsamkeiten heraus. Nach unserer Rückkehr nach Deutschland trennten wir uns dann bald. Kim ging dann nach Kanada, wo ihre Familie mittlerweile lebte. Heute ist sie Cellistin in einem Sinfonieorchester und reist ständig um die Welt. Wir haben praktisch keinen Kontakt mehr miteinander.

Ich ging erst einmal wieder an die Uni. Die Neugründungen hießen damals meistens Gesamthochschulen und gaben sich einen Reformanstrich. An einer solchen Hochschule im Dunstkreis von Köln wurde gerade ein Institut für Alternativökonomie aufgemacht. Das entsprach dem gerade herrschenden wissenschaftlichen Mainstream. Eine Tätigkeit dort kam meinen Vorstellungen der Fortführung meiner Selbstfindungsphase entgegen. Ich wurde dort wissenschaftlicher Mitarbeiter und promovierte nebenbei über das Thema „Selbstbegrenzung und Selbstfindung. Lebensstil und ökonomischer Ansatz selbstverwalteter Betriebe".

Bei einem Konzert von „Ton, Steine, Scherben" lernte ich Hanna kennen. Sie war Referendarin für Englisch und Biologie am Gymnasium. Als dritte von vier Töchtern eines Münsterländer Großbauern hatte sie einen hübschen Kopf, der aber nicht darüber hinwegtäuschte, dass sich darin ein westfälischer Dickschädel versteckte. Sie wusste genau, was sie wollte, und ganz offensichtlich wollte sie mich. Nach fünf Monaten des aneinander Gewöhnens zogen wir zusammen. Hanna krempelte mich um, und ich ließ es mir gefallen. Ich glaube, es war keine Schmetterlinge-im-Bauch-Liebe, die uns verband, sondern mehr so eine ehrliche Zuneigung. Wir taten uns beide gegenseitig einfach gut. So wurde aus dem umherstreunenden Tiger ein braver Hauskater.

Gemeinsam mit zwei anderen Paaren erwarben wir eine heruntergekommene Villa aus der Jahrhundertwende mit einem großen Garten. Wir lasen „Das Leben auf dem Lande" von John Seymour und lebten danach unseren Traum vom selbstbestimmten Glück beim Kornmahlen, Brotbacken und der Gemüsezucht auf Hügelbeeten. Dabei hielt sich Hanna allerdings aufgrund ihrer einschlägigen Jugend deutlich zurück.

Nach einem Jahr der Vollkommenheit, Hanna war das erste Mal schwanger, kam es zur großen Krise in der WG. Von unseren Mitbewohnern suchte der Taxi fahrende Soziologe Ulf das Weite und sein Glück in einer multikulturellen Gemeinschaft auf einer griechischen Insel, seine Freundin Sandra ging auf eine Schauspielschule nach München, und die schwulen Studenten Mike und Tobias setzten sich ab auf eine Rucksackreise nach Südamerika – für die nächsten zwei Jahre. Damit hatten wir übrig geblieben zwei gleich mehrere Probleme: Wir wurden drei, was faktisch die von uns abgelehnte Form einer traditionellen Kleinfamilie zur Folge hatte, besaßen fast eine halbe Million Mark Schulden für ein Haus mit erheblichem Sanierungsbedarf und kein geregeltes Einkommen. Hanna war nicht in den Schuldienst übernommen worden, und meine Stelle an der Uni wurde halbiert.

Kurz zusammengefasst ergab sich daraus die logische Konsequenz, dass ich freiberuflicher Unternehmensberater für strategisches Management wurde. So bezeichne ich meine Tätigkeit jedenfalls heute, damals nannte ich mich vorsichtig „Effizienzberater". Meine Zielgruppe waren die vielen selbst verwalteten Druckereien, Ökoläden,

Alternativzeitungen, Tischlereien und Bio-Bauernhöfe. Deren Arbeits- und vor allem Entscheidungskollektive hatten zum Teil ganz profitable Marktnischen aufgetan, lebten aber wegen ihrer ständigen Diskussionen über alles und jedes und ihrer geradezu trotzigen Ignoranz kaufmännischer Gepflogenheiten wie Vertragstreue oder einer ordnungsgemäßen Buchhaltung häufig am Rande der Existenz oder dahinter. Neunzig Prozent davon waren nicht zu retten und gingen ein. Einige politische Buchläden haben erstaunlicherweise bis heute überlebt, aber auf einem Niveau, dass die Eigentümer echte Geldprobleme bekommen, wenn sie mal zum Zahnarzt müssen. Die restlichen zehn Prozent sind meine Existenzgrundlage geworden. Die konnte ich nämlich davon überzeugen, dass die Anwendung des ökonomischen Prinzips die einzige Möglichkeit sei, um zu reüssieren. Diese an sich triviale Erkenntnis und mein überzeugendes Auftreten, diese mit meiner Unterstützung auch in entsprechendes Handeln umzusetzen, führte dazu, dass in den letzten zwanzig Jahren einige gesunde mittelständische Unternehmen der Druckindustrie und des Verlagswesen, des Lebensmitteleinzelhandels usw. daraus entstanden sind.

Die ersten Jahre waren ziemlich hart. Hanna hatte dann doch das Glück, eine halbe Stelle am Gymnasium zu bekommen. Als sie zum zweiten Mal schwanger wurde, heirateten wir, hauptsächlich wegen der Verheiratetenzuschläge und der Steuerklasse. Unsere Eltern haben uns bis heute nicht verziehen, dass wir ihnen von diesem Vorgang mal so ganz beiläufig zu Weihnachten erzählten. Ich konnte zuerst viel zu Hause arbeiten, für meine allerdings damals noch nicht besonders solventen Klienten und bei diversen Hausreparaturen. Außerdem war ich Hausmann und ein, so denke ich, ganz guter Vater für Nora und Fabius. Als beide in die Schule kamen, waren wir aus dem Gröbsten heraus. Hanna hatte eine Dreiviertel-Stelle als Studienrätin, und bei mir stiegen langsam aber stetig die Einnahmen.

Heute wohnen wir immer noch dort; neulich war in einer Wohnzeitschrift ein Bild von unserem Haus als einem gelungenen Beispiel für die sorgsame Sanierung einer Jugendstilvilla. Hanna arbeitet immer noch, jetzt wieder mit halber Stelle, Nora studiert Tiermedizin und spinnt im Augenblick davon, den Hof ihrer Großeltern zu übernehmen und dort Kaltblüter zu züchten. Fabius kommt nach seinem Vater und weiß noch nicht, was er will. Er hat erst einmal im Freiburg begonnen, Jura zu studieren. Man wird sehen.

Wie ich mich derzeit fühle, das ist eine Frage der jeweils aktuellen Tagesform. Insgesamt aber bin ich durchaus zufrieden damit, was in den letzten siebenundfünfzig Jahren so mit mir abgelaufen ist. Ich glaube, es ist bisher ein ganz normales Leben gewesen. In zwei Bereichen unterscheide ich mich allerdings von der statistischen Mehrheit meiner Altersgenossen. Zum einen war ich noch nie in einem Puff oder habe auf andere Weise für Sex bezahlt und dann habe ich noch niemals wissentlich das Finanzamt betrogen.

Wenn ich die Augen schließe und von meinem altersgerechten Idealzustand träume, entstehen zwei Bilder Da ist zunächst das Landhaus in der Toskana. Unter einem mächtigen Wallnussbaum steht ein langer Tisch, der sich unter der Last der Köstlichkeiten biegt. Um ihn herum reiht sich eine lachende und schwatzende Großfamilie, und am Kopfende sitzt der Patrono Peter Böhmer in einem karierten Hemd mit einem alten Strohhut auf dem Kopf. Er hebt sein Glas mit einem 1997er Brunello, und alle prosten ihm fröhlich zu.

Dann verschwimmt das Bild und ein neues legt sich darüber. Der Nebel lichtet sich über einem sattgrünen Dschungel. Auf einer Lichtung befindet sich eine Herde von Gorillas. Die Tiere liegen in der Sonne, kraulen sich gegenseitig und fressen rote Früchte. Auf einer kleinen Anhöhe thront über den anderen der Führer des Rudels, ein mächtiger Silberrücken. Er blickt souverän und mit einem Ausdruck von Zufriedenheit auf die Seinen herab. Dann schließt er die Augen. Er scheint zu träumen. Irgendwie hat sein Gesicht eine gewisse Ähnlichkeit mit meinem.

Das Kind im Manne – oder –
„Der kleine Unterschied"

Manche meiner Altersgenossen, insbesondere diejenigen mit nicht nur positiven Erfahrungen langjähriger Zweisamkeit, haben bei der Geschlechterfrage eine eindeutige Meinung: Männer und Frauen passen nicht zusammen. Ich persönlich bin da zwar anderer Meinung, aber ich gebe zu, dass es aufgrund unterschiedlicher Lebensläufe auch zu verschiedenen Einstellungen in dieser Frage kommen kann.

Ein paar Bekannte zeigen, wozu eine solche Einstellung der strikten Abgrenzung im praktischen Leben eines Mittfünfzigers führen kann. So kann man z.b. die dreitausendteilige Platten- und CD-Sammlung zum wesentlichen Lebensinhalt erklären. Entsprechende Männerexemplare könnte man nachts um drei Uhr wecken und mit der Frage konfrontieren, wer 1972 der Schlagzeuger von Fleetwood Mac war, und die richtige Antwort ist garantiert. (Es war übrigens Fleetwood Mac selbst.) Mindestens jedes dritte Wochenende verbringen sie damit, durch die Republik zu einem Konzert der mittlerweile auch in die Jahre gekommenen Altstars zu reisen und z.B. von den immer reiferen Interpretationen von David Bowies China-Girl zu schwärmen. Andere Alt-Singles kultivieren im Laufe der Zeit ihren Haushaltssinn. Ehemals lockere Altlinke mit jahrzehntelang gepflegten Aversionen gegen bürgerliche Hygiene- und Ordnungsvorstellungen mutieren da plötzlich zu Fanatikern in der Gestaltung ihrer überschaubaren Dreizimmer-Altbauwohnung und speziell ihres Kleiderschrankes. Besonders schwer hat es dann die polnische Putzfrau mit möglicherweise eigenständigem Ordnungssinn. Treffen zwei dermaßen vom Schicksal Geschlagene in ihrer Stammkneipe aufeinander, so kann sich z.B. ein abendfüllendes Gespräch darüber entwickeln, wie man optimal die Hemden zu bügeln hat, ohne dass es hässliche Ärmelfalten gibt. Männer in glücklichen Zweierbeziehungen können da nur das Weite suchen.

Ich nenne die so Skizzierten mal „Problem-Männer". Sie haben ein typisches Männerproblem, demzufolge könnte man auch von Männerproblem-Männern sprechen. Da es sich im Wesentlichen um Beziehungsprobleme handelt, wäre der Begriff Männerbeziehungsproblem-Männer eigentlich nicht falsch. Aber das mag zu weit führen. Die Problem-Männer haben meistens ein ähnliches Schicksal hinter sich. Man kann fast von einem Täter- bzw. Opferprofil sprechen, wobei sich Täter- und Opferrolle häufig irgendwie nicht richtig trennen lassen.

In den Siebzigern studiert, sind sie danach beruflich irgendwo hängen geblieben, meistens im Staatsdienst: Lehrer, Sozialarbeiter, Architekt bei der Kommune, ewiger wissenschaftlicher Mitarbeiter an der Uni oder aber Diplom-Politologe mit eigenem Taxi-Unternehmen. Die Dame des Herzen kam meistens aus dem gleichen Umfeld. Nach zehn bis fünfzehn Jahren einer meist glücklichen Beziehung mit oder ohne Trauschein hat es dann gekracht. Meistens waren die Frauen dabei die aktiven Teile gewesen. Sie konnten die rechthaberischen Macken ihrer Macker nicht mehr ertragen.

Danach waren dann bei den Noch-nicht-Problem-Männern ein paar Versuche einer neuen Partnerschaft gescheitert, warum auch immer. Letztlich hatte sich so eine Argumentationslinie gebildet, nach der man alleine viel glücklicher lebe, auf nichts und niemanden Rücksicht nehmen müsse und nun endlich das Leben leben könne, das man sich schon immer gewünscht habe. Von der Verflossenen redet man auch noch hin und wieder, dann in so einer unbestimmten Melange aus immer noch vorhandener Zuneigung und blankem Hass. Dabei wird tunlichst der Name der Ehemaligen vermieden. Man spricht nur noch von „Frau Schulze-Knobloch" oder „meiner Ex-Verlobten".

Wie gesagt, ich gehöre nicht zu dieser vom Schicksal böse geschlagenen Teilmenge meiner Generation. Schon jenseits des silbernen Dienstjubiläums lebe ich noch immer mit derselben Frau zusammen und habe damit sicherlich eine gewisse Bindungsfähigkeit unter Beweis gestellt. Ich kann auch damit leben, dass mir die oben Angesprochenen fehlende Flexibilität, Faulheit oder schlicht Mangel an attraktiven Gelegenheiten entgegenhalten. Im Übrigen stelle ich fest, dass es in meiner Generation noch eine ganze Menge dieser Lebenspartnerschaften gibt, vermutlich lebt die Mehrheit (noch) so. Aus dieser Lebenssituation hat sich auch ein anderes Verhältnis zum anderen Geschlecht aber auch zum eigenen entwickelt.

In einem bin ich mir dabei ganz sicher und unterscheide mich damit zunächst wenig von den Problem-Männern. Männer und Frauen sind verschieden, und ich will hinzufügen: Das ist auch gut so. Die Emanzipationsbewegung der letzten dreißig Jahre hat in einem gewaltigen Kreuzzug gegen die Männer und gegen die Unterschiedlichkeit gekämpft. Ich will dabei wohl eingestehen, dass ich prinzipiell der Gleichberechtigung positiv bis wohlwollend gegenüberstehe. Zeitweise habe ich mich sogar zum Sitzpinkler umfunktionieren lassen. Mittlerweile weiß ich allerdings nicht mehr genau, auf welcher Seite der Barrikaden ich eigentlich stehe.

Zwei wesentliche Argumentationslinien werden dabei von den Emanzipationsstrateginnen vertreten: 1. Alles was Männer können, können Frauen auch; 2. Frauen können alles besser als Männer. Je nach vorliegender Situation wird die eine oder andere Variante dann in den öffentlich geführten Geschlechterauseinandersetzungen instrumentalisiert.

Die in den Siebzigern emanzipierten und in der Regel auch studierten Frauen können nach eigener Auffassung alles das, was Männer auch können. Nur manches wollen sie eben nicht können tun, z.B. morgens vor dem Frühstück eine Spinne aus der Badewanne zu entfernen, eine zu bemitleidende Kreatur, die vergeblich strampelnd um ihr Überleben kämpft. Sie wären auch ganz prinzipiell dazu in der Lage, das Auto dem TÜV vorzuführen, die Einkommenssteuererklärung abzufassen, die Garage zu entrümpeln oder neue Lampen im Bad anzubringen. Aber ich kenne keine Frau, die es auch wirklich tut. Auch die allein lebenden Emanzen finden immer noch einen alten Freund, der so trottelig ist, sich zu solchen Tätigkeiten bequatschen zu lassen und der sich dabei auch noch meistens großartig und großherzig fühlt.

Andererseits sind Frauen nach eigenem Ermessen den Männern sogar in vielen Bereichen überlegen. Die letzten Forschungen der Humanmedizin werden von deren „VertreterInnen" dahin gedeutet, dass die wahlweise hormonelle oder neurologische Ausstattung des weiblichen Geschlechts die männlichen Fähigkeiten der Lebensbewältigung übertrifft. Ja, einige Auswüchse dieser Geisteshaltung gehen so weit, dass allein das weibliche Geschlecht die Menschheit auf den heutigen Stand weiterentwickeln konnte. Nur Frauen sind danach in der Lage, die zwei Gehirnhälften gleichzeitig einzusetzen, also zum Beispiel gleichzeitig zu telefonieren und zu bügeln. Falls auch noch das Reproduktionsproblem ohne das männliche Zutun gelöst werden könnte (und davon ist man ja wie es scheint nicht mehr weit entfernt), sind wir Männer damit ein Auslaufmodell, eine Sackgasse der Evolution. Vielleicht kommt es einmal dahin, aber ich werde das wohl ganz sicher zum Glück nicht mehr erleben.

Was die praktischen und theoretischen Fähigkeiten angeht, haben die letzten hundert Jahre bewiesen, so könnte man meinen, dass Männer und Frauen bei gleichen Voraussetzungen auch gleiche Leistungen zu erbringen in der Lage sind. Frauen können zum Beispiel genauso gut Autos bauen wie Männer. Na ja, würde jetzt eine emanzipierte Frau einhaken, die Autos der Frauen wären schon etwas anders, sie wären sicherlich umweltfreundlicher und alltagstauglicher. Ein von Frauen konstruiertes Auto hätte vermutlich serienmäßig einen eingebauten Mikrowellenherd. Moment mal, Autos werden tatsächlich immer noch ausschließlich von Männern konstruiert. Und das Ergebnis führt zu einem erotisch röhrenden Motorsound und serienmäßigen Alufelgen, also einem Gegenstand für Männer. Auch Mondraketen, Feuerwerkskörper oder Designerküchen sind männlichen Ursprungs. Weiterhin kann man feststellen, dass auch die berühmtesten Köche, Klaviervirtuosen und Modedesigner allesamt Männer sind, von Molekularbiologen oder Atomphysikern gar nicht erst zu sprechen.

Da sind wir an einem wichtigen Punkt angekommen. Was unterscheidet die Männer von den Frauen am Beispiel des Autobauens. Autos sind keine Waschmaschinen oder Eierkocher. Sie dienen zwar der Fortbewegung, aber aus männlicher Sicht ist das nur ein Zusatznutzen. Männer bauen auch Fortbewegungsmittel für Frauen: Polos, Corsas und CMaxe. Aber ein richtiges Auto ist Emotion, Leidenschaft, Spielzeug. Die schönsten Autos (una bella macchina) bauen die Italiener, ich vermute, weil dort die Emanzipation diese männlichen Leidenschaften noch nicht so stark untergraben hat. Schaut man sich dagegen die Autos der Franzosen an, diese weich gespülten Renaults und Citroëns, so sieht man das traurige Ergebnis einer hundertjährigen französischen Emanzipationsbewegung.

Ich behaupte, dieser Spieltrieb in uns Männer ist von der Natur so eingerichtet. Die Frauen, die als Mütter ja für unsere Erziehung weitgehend verantwortlich sind – jedenfalls waren sie es mindestens in den letzten zehntausend Jahren, haben es bei all ihren emanzipatorischen Einflussnahmen auf unser Verhalten nicht verstanden, diesen Spieltrieb wegzuerziehen. Der Spieltrieb ist ein resistentes und dominantes Männergen. Als unser Sohn gerade das Laufen erlernt hatte, erhielt er von seiner Mutter ganz im Sinne dieser weiblichen Beeinflussung einen Puppenwagen samt Inhalt, wohl um das pflegende und erziehende Element schon im Keime zu fördern. Und was geschah: Der kleine Kerl baute im Wohnzimmer einen Slalomparcours auf und funktionierte das Gefährt zu seinem ersten Rennwagen um.

In der Folge hatte er dann eine Sammlung von Hunderten kleiner Rennautos, im Gegensatz zu seiner Schwester, die trotz aller mütterlichen Proteste lieber mit Barbie und Caine spielte.

Männer bewahren sich ihr ganzes Leben lang diesen Spieltrieb. In der Schule bringen die Mädchen bekanntermaßen die besseren Leistungen, haben immer den Finger oben, können seitenlange Referate schreiben. Jungs dagegen gelten häufig als faul, aufsässig, verspielt. Schule i s t für uns ein Spiel: Es geht um gute Zensuren ohne entsprechende Gegenleistung, um Mogeltricks bei der Klassenarbeit, um unsere Vorstellung der Lateinlehrerin beim Orgasmus. Der beste Beweis dafür, dass wir in der Schule nicht fürs Leben lernen, ist die Tatsache, dass durchaus mittelmäßige Schüler später hervorragende Ärzte, Bäckermeister oder Atomphysiker werden können. Und, so könnte man ergänzen, aus der perfekt funktionierenden Klassenbesten ist eine mittelmäßige Inspektorin bei der Stadtverwaltung geworden, trotz Frauenförderung und Gleichstellungsbeauftragten.

Aber der Beruf ist letztlich auch nur ein Spiel für uns Männer. Es geht uns doch darum, Herausforderungen anzunehmen und uns selbst zu beweisen, was für tolle Typen wir sind. „Verkaufen fängt dort an, wo der Kunde nein sagt; alles andere ist Warenverteilung", so die Devise eines Freundes, der mit dem Absatz von Stahlröhren sein Geld verdient. So sind wir. „Dem Meyer-Gnadenreich aus der Nachbar-Abteilung eins in die Weichteile schlagen, damit er so richtig ins Schwitzen gerät", „dem Dr. Eilmann mal zeigen, dass er mit seiner Arroganz vor die Wand läuft", das sind die Spielchen, die wir mögen. Trotz des ständigen Geredes über Corporate Identity und Teamorientierung wird die meiste Energie in den großen Organisationen doch durch diese internen Scharmützel absorbiert. „Meinen Bedarf an sozialer Reibung kann ich voll in meinem Job ausleben, zu Hause strebe ich nur noch nach Harmonie", so ein anderer Freund.

Manch einer gerät bei diesen Rangkämpfen in die persönliche Krise. Workaholics sind Männer, die der Spielsucht der Arbeit verfallen sind. Im einwöchigen Seychellenurlaub hängen sie täglich am Handy, um sich von ihrer Sekretärin bestätigen zu lassen, dass ohne ihre Anwesenheit der Laden zusammenbricht. Andere zweifeln am tieferen Sinn ihrer Tätigkeiten. Schafft es innere Befriedigung, zehn Jahre dafür gekämpft zu haben, dass „lila Fruchtgnome" einen stabilen Marktanteil von fünfzehn Prozent halten? „Bleibt von meiner Tätigkeit die Erinnerung übrig, dass ich mit dem Global Happiness Fund ziemlich viele Menschen ziemlich unhappy gemacht habe?" „Ist es wirklich der Sinn meines Lebens dazu beizutragen, dass einige Tausend Studenten an den Tücken der Korrelationsanalyse scheitern und deswegen ihr Studium beenden müssen?" „Ja, es ist der Sinn unseres Lebens", rufen wir zurück. „Aber es ist doch nur ein faszinierendes Spiel; das darfst du nicht so ernst nehmen."

Jenseits der fünfzig ebben diese beruflichen Revierkämpfe langsam ab. Ein kleiner Teil von uns hat es geschafft, ist jetzt das Alpha-Tier irgendwo an der Spitze, das alle anderen erfolgreich weggebissen hat. Nach jahrzehntelangen Positionsauseinandersetzungen kann man sich dann gelassen zurücklehnen und die anderen springen lassen. Der graue Wolf liegt faul vor seiner Höhle. Nur manchmal flammt der alte Kampfgeist noch mal auf. „Da will sich so ein junger Hüpfer wichtig machen, den muss ich mal wieder in sein Laufställchen setzen", oder „Der Aufsichtsrat soll sich bloß nicht einfallen lassen, meinen Vertrag nicht zu verlängern; was wollen die denn ohne mich anfangen".

Der größere Teil hat es allerdings nicht bis an die Spitze gebracht. Kann ja nun mal auch nicht jeder schaffen, oben auf der Pyramide ist nicht so viel Platz. In diesem Fall sind die Rangkämpfe noch uninteressanter geworden. Man hat es nicht geschafft, wollte es im Prinzip ja eigentlich auch nie, und jetzt ist es eh zu spät. „Was bin ich heute froh, dass das damals mit der Bewerbung um die Stelle im Ministerium (…oder so ähnlich) nicht geklappt hat. So hab' ich es doch letztlich viel besser getroffen. Den Job könntest du mir heute schenken, ich würde ihn nicht nehmen", so eine gerne vertretene Meinung. Damit entwickelt sich die Ausübung der beruflichen Tätigkeit zu einer Mischung aus gelassener Routine, resignativer Destruktion und neuer Kreativität. Manchmal ist es so, dass die Dinge viel leichter und häufig auch erfolgreicher ablaufen, wenn der Druck des Gelingenmüssens gewichen ist.

Wie und was spielen wir aber jetzt? Spiele im Job sind langweilig geworden, also spielen wir zunehmend in der Freizeit. Der Mann um die fünfzig sucht neue Herausforderungen. Eine davon ist Golf. Eine wichtige Spielwiese des statusbewussten Jungseniorens ist der Golfplatz und natürlich die dazugehörige Golf-Lounge. Was noch bis in die neunziger Jahre hinein für unsere Eltern und uns der Tennisplatz war, ist heute mega-out. Tennisplätze haben jetzt etwas Verstaubtes; da blättert die Farbe langsam aber sicher von den Clubheimen. Tennisplätze sehen heute immer herbstlich aus, selbst im Frühling. Das mag daran liegen, dass die vor dreißig oder vierzig Jahren gepflanzten Bäume am Rande mittlerweile auch in der Mittagszeit die Plätze in einen Vollschatten tauchen.

Golf ist in. Die Golf-Clubs schießen wie Pilze aus der Erde. Jedes mittlere Provinznest in der Pampa hat mittlerweile seinen 18-Loch-Platz. Die etablierten Geldadel-Golfclubs geraten da in die Bredouille: Sollten sie weiterhin ihre Aufnahmerituale mit dem Beibringen von Bürgen und Vermögensnachweisen beibehalten und im eigenen Safte dahinköcheln oder sollen sie frisches aber unvermögendes Blut an die verfilzten Greens lassen. In den Großstädten kann man nach dem Mittags-Sushi noch ein paar Schläge auf der Kino-Driving-Range abschießen. Der Hauch des Exklusiven ist verschwunden, aber die Golfer halten sich nach wie vor für eine privilegierte Bevölkerungsgruppe inklusive der Scharen von neugolfenden Lehrern, Bankangestellten und Elektro-Handwerksmeistern jenseits der fünfzig.

Hat man erst einmal die Platzreife, dann gehört man dazu, na ja, noch nicht wirklich. Ohne akzeptables Handicap hat man als Golfer ein Handicap, man ist ein Kaninchen, einer, der den Platz verunstaltet. Gegen diesen Rabbit-Status anzukämpfen, ist nun wieder Männersache. Golfen kann süchtig machen, auch wenn Nichtgolfer das für bescheuert halten.

Die sportliche Herausforderung ist dabei die eine Sache, die andere die Kommunikation um das Golfen. Eine Einladung zum Essen oder eine Geburtstagsfeier ist dann durchaus gelungen, wenn man in einer Runde Gleichgesinnter den ganzen Abend in der Küche über das neue Hybrid-Wundereisen oder den Salgados Club in Albufeira philosophieren kann. Frauen stören in solch einer Runde eher, obwohl es auch zunehmend golfende Frauen gibt.

Da mag jetzt der Eindruck entstehen, ich sei ein verkappter Macho, ein Typ, der Frauen zurück an den Herd wünschte. Nein, das kann ich ehrlichen Gewissens zurückweisen. Ich kann überlegene Frauen uneingeschränkt akzeptieren. Mein Doktorvater war eine blitzgescheite Doktormutter, die ich noch heute wegen ihrer Intelligenz bewundere. Ich wünsche mir schon mehr Frauen in Leitungsfunktionen von Unis, Unternehmen oder öffentlichen Verwaltungen. Ich glaube schon, dass das unsere Gesellschaft voranbringen würde.

Aber Frauen ticken anders als Männer, sind mehr auf das Bewahren und Erhalten ausgerichtet. Männer lieben eher das Risiko, sind neugieriger auf unbekannte Welten und unkalkulierbare Situationen. Hanna möchte zum Beispiel, dass unser Erspartes möglichst sicher und risikoarm angelegt wird. Ich dagegen lege einen nicht unbeträchtlichen Betrag in kasachischen Erdölaktien, bei kanadischen Uranexplorern oder vietnamesischen Stahlwerken an. Übrigens ist die langfristige Rendite bei beiden Anlageformen in etwa gleich. Aber Sparkassenbriefe wären mir einfach zu langweilig, mich reizt mehr der Tausend-Prozent-Erfolg, wobei ich allerdings auch schon den Totalverlust erleben durfte. Natürlich kann man auch mit Frauen spielen – Geschlechterspiele. Die orientieren sich letztlich auch wieder am Erhalten und Erneuern.

So spielen wir mittlerweile altersgerecht, irgendwie gelassener als früher, aber immer noch mit einem gewissen Biss. Mit dem nötigen Ernst und einer von Erfahrung und Altersweisheit bestimmten Lockerheit bewältigen wir dabei spielend den Alltag, im Beruf wie in der Freizeit. Eine Frage drängt sich allerdings schon auf: Wie lange wird das noch so weitergehen? Spielen wir auch noch mit siebzig? Ein Kollege hat sich schon detaillierte Spielszenen für seine Beerdigung zurechtgelegt. Ich finde, dass geht ein bisschen zu weit.

Der Zahn der Zeit

Der menschliche Körper ist im Laufe des Lebens ständigen Veränderungen ausgesetzt. Die Kosmetikindustrie hat den Frauen eingeredet, dass dieser Prozess bereits in den Zwanzigern einsetzt, aber dass man ja mit den neuestens Ergebnissen der Collagenforschung oder anderen Wundermitteln etwas dagegen tun könne. Da sieht man in der Werbung höchstens neunundzwanzigjährige Modells, die den Damen vorgaukeln, sie seien in Wirklichkeit zweiundsechzig und ihr blendendes Aussehen hätten sie nur dem Oil of Cadiz zu verdanken. Für homöopathische Dosierungen dieser vermeintlichen Wunderdrogen zahlen die Damen dann horrende Summen, wohl wissend, dass sie hinsichtlich der Wirkungen einer Fata Morgana folgen. Ähnliche Suchteffekte lassen sich bei Diätplänen oder Pillen beobachten, in denen nachweislich Frauen in vierzehn Tagen zwanzig Kilogramm abgenommen haben. Diese falschen Heilsversprechen nähren bedeutende Industriezweige, die in westlichen Wohlstandsgesellschaften einen nicht unwesentlichen Anteil des Sozialprodukts erwirtschaften.

Nachdem Hanna einmal den wirklich überzeugenden Argumenten glaubte, nach denen man mit Hilfe von magnetisierten Einlegesohlen über eine Stimulierung der Fettkillerzellen in kürzester Zeit die Traumfigur erlangen könne, ist unser Name wohl für alle Zeiten in den Adressdateien sämtlicher kommerziellen Gewichtsreduzierer gespeichert.

Bei jüngeren Männern scheint bei der Wahrnehmung der eigenen Hülle eine gewisse Verweiblichung der Verhaltensweisen langsam um sich zu greifen; in unserer Generation sind wir davon noch weitgehend verschont geblieben. Die meisten von uns tragen ihre Rundungen mit einem gewissen Stolz vor sich her. Dabei will ich zugeben, dass das bei objektiver Betrachtung nicht immer zum Vorteil der Betroffenen wirkt. Gut, es gibt den Jungsenioren mit Toupet oder gefärbten Haaren, aber dabei handelt es sich um bedauernswerte Ausnahmeerscheinungen. Den Träger eines Fiffis erkennt man auf mindestens zehn Meter, da kann er noch so viel Geld dafür ausgegeben haben. Bei gefärbten Haaren ist die Auffälligkeit schwieriger zu erkennen, tritt aber insbesondere im Scheinwerferlicht von Fernsehkameras deutlich hervor. Was wir gleichaltrigen Damen dabei nachsehen oder durchaus wohlwollend zugestehen, empfinden wir bei Geschlechtsgenossen als eine peinliche Entgleisung einer armen Socke. Wir sind so wie wir sind, und dazu stehen wir auch.

Dabei lässt sich auch bei uns Männern der Veränderungsprozess im Äußeren zweifelsfrei feststellen. Bei manchen geht es schon ab vierzig damit los, dass die Haare leicht ergrauen, zuerst vereinzelt, vorzugsweise an den Schläfen. Wenn sich dann noch die Geheimratsecken vergrößern, löst das schon bei manchen von uns eine Krise aus. Dabei ist die Wirkung dieser Äußerlichkeiten auf das andere Geschlecht in den seltensten Fällen negativ. Ich kenne eine Menge derart äußerlich gereifter Männer, die mit diesen Attributen gerade auf jüngere Frauen durchaus optische Reize ausüben, von denen sie zehn Jahre zuvor weit entfernt waren.

Apropos Haare – zwar sprießt es auf dem Kopf mehr oder weniger gebremst, dafür entwickelt sich der Haarwuchs an anderen Stellen mit nie gekannter Intensität. Auf der Brust, in der Nase oder auf den Ohren bringen es einzelne Exemplare dabei teilweise zu einer beträchtlichen Länge. Für den Friseur ergeben sich damit völlig neue Betätigungsfelder.

Ein anderes Problem ist die Entwicklung des Körperfettes (ein hässliches Wort!). In einer Gesundheitssendung im Fernsehen wurde neulich die Expertenmeinung vertreten, ab etwa fünfundvierzig würde das Körperfett zunehmen. Das wäre eine natürliche, letztlich nicht aufzuhaltende Entwicklung. Ab etwa dem siebzigsten Lebensjahr würde sich dieser Prozess aber wieder umkehren. Ich weiß nicht, ob man diese Aussicht als Trost empfinden sollte. Dabei ist die Gewichtszunahme an sich das eine Problem, das viel größere erscheint die Verteilung der zusätzlichen Pfunde zu sein. Anders als bei Frauen reiferen Alters konzentriert sich dabei die Bildung von Fettreserven auf einen Punkt um den Bauchnabel mit einem Radius von etwa zwanzig Zentimetern. Um dieses Zentrum herum wächst der Mann unter Umgehung der Gesetze der Schwerkraft nach vorne. Ist dieses Phänomen trotz Beibehaltens der eingeübten Ess- und Trinkregeln an sich schon alarmierend, so gesellt sich eine weitere Laune der Natur hinzu. An anderen Stellen schrumpft der Körper in Form einer sich zurückbildenden Muskelmasse. Betroffen sind davon vor allem das Gesäß und die Oberschenkel. Zusammenfassend kann man feststellen, dass der Mann ab fünfzig auf dünneren Beinen daherkommt und vorne zu- und hinten abnimmt. Auf die dabei entstehenden Probleme der Statik, insbesondere der Wirbelsäule soll an anderer Stelle eingegangen werden. Wenn man sich mal unbekleidet und unbeobachtet vor dem Spiegel anschaut, muss man feststellen, dass diese Verschiebungen auf keinen Fall Vorteile für die Gesamtoptik bieten.

Mit der Entwicklung meiner eigenen Optik bin ich eigentlich ganz zufrieden. Die Haare sind noch kräftig, wenn auch leicht angegraut. Der Versuch, mit Hilfe der Versprechen eines Spezial-Shampoos die natürliche Haarfarbe auf einfachem Wege der Haarwäsche wieder zurückzuerlangen, muss als Fehlversuch abgehakt werden – sah ziemlich bescheuert aus. Das Körpergewicht hat sich leicht erhöht, liegt aber noch innerhalb der Toleranzen des Body-Mass-Indexes. Ich würde mich nicht als eitel bezeichnen, aber völlig egal ist mir mein Äußeres schon nicht.

Neben diesen äußeren Anzeichen bringt die männliche Reifung weitere Begleiterscheinungen mit sich. Wenn wir es auch nicht wahrhaben wollen, so spielt doch bei den meisten von uns eine gewisse Hormonumstellung eine Rolle. Anders als bei der Frau ist dieser

Prozess beim Mann allerdings nicht so offensichtlich. Wir haben keine Menopause. Es gibt genügend Beispiele dafür, dass Sechzigjährige noch ihren Freundinnen, die im Alter ihrer Töchter sind, ein Kind zeugen. Kurzfristig ist das für die Samengeber sicherlich ein schöner Erfolgsbeweis. Ob das in der Gesamtwürdigung aber eine gute Sache für alle daran Beteiligten ist, möchte ich eher bezweifeln.

Die medizinische Forschung beschäftigt sich erst seit einigen Jahren mit dem alternden Mann. Dabei wird man das Gefühl nicht los, dass die Pharmaindustrie bei uns als Zielgruppe ein dickes Geschäft erwartet. Andropause, Klimakterium virile oder PADAM-Syndrom (Partielles Androgen-Defizit des Alternden Mannes) sind die neuen Fachbegriffe, mit denen man uns beikommen will. Letztlich will man uns damit vermitteln, dass wir in unserem Alter nicht mehr so können, wie wir wollen, und dass das eine Krankheit sei, die man mit entsprechenden Mitteln beheben könne. Als Symptome schiebt man uns dabei unter, wir würden das Interesse am Sex verlieren, vielleicht auch, weil es nicht mehr so gut klappen würde wie früher. Außerdem wären wir nicht mehr so belastbar, sowohl im Beruf wie im Sport. Wir wären plötzlich leicht reizbar, manchmal sogar depressiv dem Weltschmerz verfallen. Wir wären immer müde, könnten dann aber auch nicht mehr gut schlafen, würden nachts schweißgebadet aufwachen und dann unruhig durch die Wohnung geistern.

Ist doch alles Blödsinn. Jedenfalls trifft nicht alles davon zu. Gut, einzelne Symptome kann „Mann" schon mal bei sich selbst feststellen, aber wenn, dann doch nur vorübergehend. Das mit den Schwitzattacken allerdings kenne ich auch. Da wache ich nachts in einer Lache auf, ohne dass es einen erkennbaren Grund dafür gibt, oder beim Frühstück treibt es mir dermaßen den Schweiß auf den Rücken, so dass ich gleich wieder das Hemd wechseln muss.

Dass man mit solchen Problemen als Mann zu einem Urologen geht, zeigt schon, dass der Medizin zur Befindlichkeit von Jungsenioren bisher noch nichts Vernünftiges eingefallen ist. Mein Urologe bezeichnete sich im Zusatz als Lifestyle-Mediziner, was mich schon skeptisch machte, bevor ich ihn das erste Mal konsultiert hatte.

In seinem Wartezimmer lag eine Hochglanzbroschüre, auf deren Titelblatt ein Mittsechziger mit schwarz gefärbter Mähne auf einer Harley saß mit einer dreißigjährigen üppigen Blondine auf dem Rücksitz und souverän lächelte. Wie sich herausstellte, war es der Arzt selbst. In der Broschüre pries er seine Therapie an, mit der jeder alternde Mann den von ihm selbst vorgeführten Lifestyle praktizieren könne. Im Gespräch stellte sich heraus, dass er eine ziemliche Meise hatte und sich für unfehlbar hielt. Das scheint so ein Berufsdefekt vieler Ärzte zu sein. Als er mir eine halbjährige Testosteron-Therapie verabreichen wollte, lehnte ich dankend ab. Ich hab' mir dann ein dünnes Wildseiden-Oberbett gekauft. Damit habe ich die gelegentlichen nächtlichen Schwitzattacken gut in den Griff bekommen.

Die Vereinigten Staaten sind in der Entwicklung der Hormonsteuerung für alternde Menschen einsame Spitze. Neulich sah ich einen Film aus einer amerikanischen Rentnerstadt, in der glückliche Neunzigjährige über ihren „fantastic sex" schwärmten. Ein eingewanderter chinesischer Arzt hatte ihnen hoch dosierte Hormoncocktails verabreicht, die sie ganz offensichtlich deutlich aufblühen ließen. Deutsche Mediziner warnten dann doch gleich vor den großen Gefahren, die durch solche Therapien für Prostata und Kreislauf drohten. Das allerdings halte ich schon für eine typisch deutsche Bedenkenträgerhaltung. Mit neunzig wäre es mir schon dieses überschaubare Risiko wert, wenn ich dann noch eine solche Lebensfreude hätte.

Bei uns geht die Entwicklung derzeit mehr in die Richtung der frei verkäuflichen Naturheilmittel. Gelangt man im Fernsehen mal zufällig in das kommerzielle Vorabendprogramm, was ja für einen auch nur durchschnittlich intelligenten Menschen eine Zumutung ist, so sollte man sich vor allem die Werbepausen ansehen. Auch wenn ich es mir nicht vorstellen kann, aber das Vorabendprogramm ist ganz offensichtlich Jungsenioren- und -seniorinnen-Werbefernsehen. Für sämtliche im Alter nicht auszuschließenden Zipperlein oder Defizite gibt es da ein völlig harmloses aber hoch wirksames Mittel in der Apotheke ihres Vertrauens.

Der Ansatz der Marketingstrategen ist durchaus geschickt. Nehmen wir den bekannten Spot, in dem der an sich durchaus sportliche Jungsenior einen weitläufigen Bekannten trifft, dessen Name ihm plötzlich nicht mehr einfallen will. Zugegebenermaßen ist das den meisten von uns auch schon mal passiert. Die Werbebotschaft lautet: „Mit Ginkgo löst du das Problem." Also kommt man unter Umständen zu der Überzeugung, dass man beim nächsten Einkauf vielleicht auch mal – rein vorbeugend – einen Ginkgo-Eigenversuch starten könnte. Im Laufe nur einer Fernsehstunde kann man dann allerdings erfahren, dass man unbedingt Kürbiskernextrakt braucht, wenn man mal nachts raus muss. Gegen Potenzprobleme halfen schon seit Jahrhunderten den südamerikanischen Indianern die Samen der Sägepalme, jetzt in einer praktischen Monatspackung erhältlich. Ich frage mich allerdings, ob in Naturvölkern tatsächlich die nachlassende Manneskraft derart problematisiert wurde. Bist du einfach nur manchmal müde, so hilft dir die aus den unzugänglichen Himalajahöhen gewonnene Mumjo-Erde. Knackt es hin und wieder in den Gelenken, so lässt sich der drohende Rollstuhl nur noch mit Grünlippmuschelextrakt verhindern. Zur Entschlackung brauchst du Spargelkapseln, und bei Kopfschmerzen solltest du der heilenden Wirkung von Beifuß vertrauen. Kannst du deinen Appetit nicht zügeln, so greif zur südafrikanischen Hoodia-Pflanze, und du magst nichts mehr. Kannst du nachts nicht schlafen, weil dich etwas bedrückt, so versuch es mit Johanniskraut oder der Aroma-Therapie.

Die Liste ließe sich beliebig fortführen, und mit jeder neuen Ausgabe von Lifestyle-Magazinen kommt ein neues, auf einem mikronesischen Eiland entdecktes Wundermittel hinzu, mit dessen Einnahme die Eingeborenen noch mit siebzig Jahren in ihrer Lagune nach Perlen tauchen können. Aber wer will schon in der Mitte Deutschlands nach Perlen tauchen? Mein unmaßgeblicher Rat dazu: Kann man alles vergessen. Sicher bei diesen Therapien ist nur eins, nämlich dass sie dem Anbieter helfen. Wir sollten die Prioritäten anders setzen. Regelmäßig abends ein Bier oder noch besser einen trockenen Rotwein genossen, ist die ultimative Nahrungsergänzung für den mitteleuropäischen Körper.

Kinder, Kinder – wie die Zeit vergeht!

Die süßen Kleinen sind uns nun schon seit geraumer Zeit über den Kopf gewachsen. Wenn ich den Lauf der letzten fünfundzwanzig Jahre Revue passieren lasse, so ist das Aufwachsen der Kinder etwas, das in einem besonderen Zeitraffer abgelaufen ist. Hannas dicken Bauch sehe ich noch vor mir, als wenn es gestern gewesen ist. Und auch der herbe Duft von Noras vollgeschissenen Windeln, damals natürlich noch Stoffwindeln, liegt mir noch wie frisch hineingelegt in der Nase. Die abendlichen Fangen-Spiele um den großen Esstisch habe ich noch im Gedächtnis. Dabei war Fabius zunächst noch so klein, dass er abkürzen konnte, indem er mit erhobenem Kopf unter dem Tisch herlief.

Wenn ich oben berichtet habe, ich hätte nie in meinem Leben freiwillig gesungen, so stimmt das bei näherer Betrachtung an dieser Stelle doch nicht so ganz. Wenn die beiden Kleinen nicht einschlafen wollten, so habe ich den Rundgesang „Ein Schneider fing 'ne Maus" angestimmt. Nora hat das widerspruchslos hingenommen; vielleicht ist sie auch nur schnell eingeschlafen, damit sie meinen Tönen nicht mehr lauschen musste. Fabius allerdings hat schon mit einem halben Jahr dagegen durch noch lauteres Schreien protestiert. Nach „Mama" und „Papa" waren die nächsten Begriffe in seinem Wortschatz „Mau aufhön" (übersetzt: „Maus aufhören"), was sich eindeutig auf meine Gesangsübungen bezog. Beide sind dann trotz dieser frühkindlichen Schädigungen sehr musikalisch geworden, können gut singen und beherrschen mehrere Instrumente. Da müssen sich die mütterlichen Gene durchgesetzt haben.

Bei den Gedanken an die Geburten und das Aufwachsen der Kinder komme ich ins Schwärmen. Ein erfülltes Leben ohne Kinder kann ich mir nicht vorstellen. Es ist mir auch unverständlich, wie Leute freiwillig auf Kinder verzichten, nur um ihren Teneriffa-Urlaub oder den neuen Mercedes nicht zu gefährden. Ich kenne einige Paare, die mit uns alt geworden sind, ohne dabei Kinder in die Welt gesetzt zu haben. Ich habe das Gefühl, die nehmen sich selbst zu wichtig, machen alles gemeinsam, selbst das Einkaufen. Und als Kindersatz haben sie einen Dackel oder Golden Retriever, der mittlerweile auch schon in die Jahre gekommen ist und tränende Augen hat. Mit dem sprechen sie wie mit einem Erwachsenen und nehmen ihn abends mit ins Bett. Andere haben sich nach Jahren der Kinderlosigkeit getrennt. Ich kenne auch Fälle, wo ein Kind eine kriselnde Beziehung retten sollte. Das hat dann auch nicht geklappt, und die Trennungskinder wurden anschließend zum Spielball der Interessen ihrer Eltern – mit teilweise traumatisierenden Erfahrungen. Dennoch, für mich sind Kinder wesentliches Element einer guten Beziehung. Ich weiß, dass sich das ziemlich konservativ anhört aus dem Mund eines Ex-Alternativen, aber dazu stehe ich uneingeschränkt.

Wir selbst gehören ja noch zu der Generation, die flächendeckend von ihren Müttern erzogen wurde. Der Vater wurde da nur bei extremen Durchsetzungsproblemen als Popanz aufgebaut: „Wenn du deinen Teller nicht leer isst, dann sage ich es heute Abend dem Papa." Dazu kam der körperliche Verweis als wesentliches Erziehungsmittel, zu Hause und in der Schule. Ich kann mich noch gut an die Volksschulzeit erinnern, in der Lehrer in cholerischen Anfällen an uns Sechs- oder Siebenjährigen mit Rohrstöcken den Tatbestand der Körperverletzung vollzogen. Hätte ich mich darüber zu Hause beschwert, so hätte ich dafür vermutlich noch eine zweite „Tracht" bekommen. Dafür genossen wir eine heute kaum noch vorstellbare Freiheit zu spielen. Täglich fünf, sechs, sieben Stunden ohne jegliche Aufsicht waren wir für unsere Eltern verschwunden, durchstreiften die Gegend, kletterten auf Bäume, bauten Buden, prügelten uns, vertrugen uns. Abends kamen wir dreckig und müde nach Hause und fielen ins Bett. Ich glaube, dies wilde Leben in der Kindergruppe, mit Kleineren, Gleichaltrigen und Älteren, war die eigentliche Erziehung. Da wurden alle Fragen beantwortet, die das Leben in dem Alter so stellt und die man zu Hause nie zu stellen gewagt hätte.

Bis zu unserer eigenen Generation waren die Kinder mit vierzehn praktisch schon zum Erwachsenwerden verurteilt. Volksschule zu Ende, dann drei Jahre Lehre. Mit siebzehn standen die meisten alleine im Leben, wohnten noch zu Hause, aber mussten bezahlen für Wohnen und Essen. Mit einundzwanzig – da wurde man damals noch volljährig – machten sie sich dann vom Acker und gründeten ihre eigene Familie. Der Stärkste aus meiner Volksschulklasse war gerade eine Woche achtzehn, als er das erste Mal Vater wurde. Bei mir verlängerte sich unter sonst ähnlichen Bedingungen die Phase des finanziell abhängigen Kindes allerdings um weitere fünf Jahre. Einerseits waren meine Eltern stolz, dass ich offensichtlich durch die verlängerte Schulzeit die Demarkationslinie der „kleinen Leute" überwand, andererseits schien ihnen mein Pennälerdasein im Vergleich zu den Nachbarjungs, die abends ölverschmiert aus der Fabrik kamen, doch auch irgendwie unproduktiv zu sein. So ab sechzehn nahmen die häuslichen Spannungen deshalb auch kontinuierlich zu. Das war einer der wesentlichen Gründe, dass nach dem Abi der Auszug schnell und widerspruchslos über die Bühne ging. Ab diesem Zeitpunkt habe ich auch meine Eltern nicht mehr ein einziges Mal um einen Rat befragt, wenn es um die wesentlichen Entscheidungen in meinem Leben ging.

Aber bei unseren eigenen Kindern sollte das alles völlig anders werden. Partnerschaftlich und angstfrei sollten sie erzogen werden. Manche Zeitgenossen propagierten auch die antiautoritäre Erziehung. Anders als in unserer Elterngeneration war zunächst, dass wir vergleichsweise alte Eltern waren. Schon jenseits der dreißig die

Erfahrungen von Geburt und Verantwortung für einen kleinen, hilflosen Winzling zu übernehmen, bedeutet zweierlei. Zunächst hat man schon ein gewisses Maß an Lebenserfahrung genossen, einige Partnerschaften ausprobiert, die Welt gesehen, vielleicht erste berufliche Erfolge eingefahren. Man muss nicht mehr ständig auf die Piste, weil man glaubt, sonst etwas Wesentliches zu verpassen. Andererseits hat man sich das Leben schon auf eine Art eingerichtet, die den eigenen Bedürfnissen ganz gut entspricht. Die Vorstellung, so ein kleiner Scheißer würde sich da nachhaltig einmischen und auf einmal bestimmen, was geht und was nicht, kann da schon bedrohlich sein. Wenn man sich dann rational für oder gegen das Absetzen der Pille entscheiden soll, ist die Sache nicht so einfach. Es gibt immer tausend Gründe, die gerade in diesem Augenblick dagegen sprechen. Den meisten Paaren im Bekanntenkreis erging es so wie uns: Es passierte einfach irgendwann. Die Verhütung wurde etwas nachlässiger gehandhabt, und der Ernstfall dadurch provoziert. Und als der Keimling dann da war, konnte man sich überhaupt nicht mehr erklären, warum man jemals Zweifel an seiner Produktion gehabt hatte. Damit war auch klar, dass ein Geschwisterchen folgen musste.

Ich war dann auch kein Feierabend-Papa. Gefördert durch die äußeren Umstände habe ich ziemlich aktiv, ich würde sagen – gleichberechtigt – an der Kindererziehung teilgenommen. Ich habe Windeln gewechselt, gefüttert, gewaschen, Zähne gezogen, Hausaufgaben betreut, bin Kinder-Taxi gefahren, zu Elternversammlungen in die Schule gegangen und habe beim ersten Liebeskummer getröstet. Bis auf das Stillen habe ich auch alles das getan, was Hanna gemacht hat.

Ich habe die Kinder auch nicht verdroschen, vielleicht bis auf drei oder vier Mal, wo mir die Hand ausgerutscht ist, wenn sie mich zuvor bis zur Weißglut genervt und provoziert hatten und ich überhaupt nicht mehr anders konnte. Und dann hatte ich anschließend wochenlang ein ganz schlechtes Gewissen. Wenn an einem Kindergeburtstag ein wichtiger Termin anstand, musste der Kunde warten. Da habe ich eindeutige Prioritäten gesetzt.

Ich hatte immer das Gefühl, dass unsere Kinder in einer ziemlich heilen Welt aufgewachsen sind. Materiell hat es ihnen eigentlich an nichts gefehlt, auch wenn wir sie zur Bescheidenheit erzogen haben und nicht jeden Wunsch erfüllten. Aber wir waren immer für sie da. Wir haben ihre zwischenzeitlichen Hänger in der Pubertät akzeptiert, nein besser, wir haben sie hingenommen und dann auch gemeinsam überwunden. Als sie größer wurden, haben wir über unsere Probleme offen geredet, sowohl über die Eltern- als auch die Kinderprobleme. Wir waren die Ersten, die es erfahren haben, als die beiden ihren ersten Sex hatten. Und das war aus unserer Sicht verdammt früh.

Ich denke, wir können ganz glücklich sein mit der Entwicklung der beiden. Und die Kinder vermitteln uns den Eindruck, dass sie mit uns im Nachhinein auch ganz zufrieden sind. Manchmal kommen mir aber doch Zweifel, ob das alles so richtig gewesen ist, wie wir mit ihnen umgegangen sind. Eltern, die sich ihren Kindern gegenüber verhalten, als ob sie deren Freunde sind, nur dreißig Jahre älter, nehmen ihnen damit auch die Chance der Abgrenzung. Das ist aber wohl ein notwendiger Bewusstseinsprozess, um zu sich selbst zu finden. Über alles zu diskutieren und immer eine einvernehmliche Lösung zu finden, ist aus Kindersicht verdammt anstrengend. Als ich mit einundzwanzig mit schulterlangen Haaren, Vollbart und schwarzem Maxi-Mantel vor dem Elternhaus stand, hat mich meine Mutter angeschaut und mir dann wortlos die Tür vor der Nase zugeschlagen. Genau das war es, was ich erwartet hatte. Als Fabius mit sechzehn ein ganzes Wochenende damit zubrachte, seine Haare blau zu färben, habe ich ihm noch beigestanden und gute Tipps gegeben. Als am Montag sein Freund kam, um ihn zur Schule abzuholen, war dessen knapper aber umso ehrlicherer Kommentar: „Du siehst scheiße aus." Heute glaube ich, es wäre vielleicht besser gewesen, ich hätte ihm das gesagt, wenn auch in etwas gewählteren Worten.

Kinder benötigen ganz offensichtlich ein gewisses Maß an Autorität. Nachbarn von uns versuchten, ihre Kinder ohne jede Form von Vorgabe aufwachsen zu lassen. Der Vater war mächtig stolz, wenn ihn sein antiautoritär aufgewachsener Neunjähriger in versammelter Runde als „altes Arschloch" bezeichnete. Heute mit knappen vierzig ist der Bursche ziemlich von der Rolle, hat schon etliche Sachen begonnen, aber nichts richtig zu Ende geführt. Er hängt immer noch am finanziellen Tropf seines alten Herrn, und das scheint sich auf absehbare Zeit auch nicht zu ändern. Offensichtlich fehlt es ihm daran, irgendwann mal innere oder äußere Widerstände überwunden und für seine persönlichen Ansprüche mal echt gekämpft zu haben. Und so ist er heute ein charakterloses Weichei.

Trotz gleicher Erbmasse formen sich aus den Kindern doch häufig recht unterschiedliche Persönlichkeiten. Jedenfalls ist das bei unseren beiden der Fall. Ich hab' keine Ahnung, ob das an der Erziehung, dem Geschlecht, der unterschiedlichen Genkombination, verschiedenen Erfahrungen, Lehrern, Freunden oder sonstigen Einflüssen liegt. Letztlich ist es aber auch egal. Mädchen, so sagt man, werden häufig, innerlich und äußerlich eher so wie ihre Väter und Jungs wie ihre Mütter. Bei uns ist das nur bedingt so. Nora ist zielstrebig; sie weiß immer ziemlich genau, was sie will und setzt diesen Willen auch durch. Freunde sagen, dass sie mir zwar äußerlich recht ähnlich ist, aber eher den Charakter ihrer Mutter besitzt. Ich will das nicht bestreiten. Wenn es denn so sein sollte, können alle Beteiligten wohl ganz gut damit klarkommen.

Wie viele Mädchen auch hatte sie von klein an ein Helfersyndrom, das auch nach der Pubertät nicht nachließ. Daraus ergab sich der Wunsch, nach der Schule Tiermedizin zu studieren. Wie viele junge

Frauen hatte sie wohl die Illusion, der geschundenen Kreatur zu helfen, das heißt den lahmen Gaul wieder springen zu lassen oder dem Wellensittich den gebrochenen Flügel zu schienen. Nachdem sie an der Tötung von fünftausend Schweinen mit Maul- und Klauenseuche teilgenommen hat und ein Praktikum in einem Schlachthaus absolvierte, sind die Vorstellungen über Beschäftigungsmöglichkeiten von Tierärzten aber in der Realwelt ziemlich hart gelandet. Ich glaube, sie ist zurzeit auf der Suche nach Alternativen. Aber da wird sich schon noch etwas ergeben, da bin ich ganz sicher.

Nora ist offen und kommunikationsfreudig nach allen Seiten. Sie nennt das den Aufbau ihres sozialen Kapitals. Dazu gehört auch, dass sie freundschaftliche Kontakte zu Kommilitonen der veterinärmedizinischen Fakultät sämtlicher dort vorhandener Nationalitäten und Hautfarben pflegt. Dabei bezieht sich diese Pflege wohl nicht nur auf den Austausch von Fachliteratur. Da scheint sie doch ihrem Vater wieder etwas ähnlich zu sein. Sie lässt uns an ihrem Leben teilhaben, wenn auch nur als Zuhörer. Sie fragt uns nach unserer Meinung, berücksichtigt diese aber bei ihren Entscheidungen meistens nicht. Dafür hat sie immer gute Gründe; das finde ich auch in Ordnung so.

Fabius ist nach wie vor der Kleine, obwohl er mittlerweile derjenige mit der unangefochten größten Körperlänge in der Familie ist. Er war immer Mamis Liebling, wurde vielleicht auch ein bisschen verhätschelt. Jedenfalls hat er nicht die Power seiner großen Schwester, ist eher so ein romantischer, verträumter Typ. Mit List und Charme hat er sich durch die Schule gemogelt. Hatte immer einen Bonus, vor allem bei Lehrerinnen und Mitschülerinnen. Im Gegensatz zu seiner Schwester redet er mit uns nicht über seine Gedanken und möglichen Probleme. Freiburg ist weit weg, und er kommt zweimal im Jahr nach Hause. Das Studium läuft so lala, vermute ich mal, ohne großes Engagement. Aber die eigene Lebenserfahrung hat gezeigt, dass irgendwann mal schon noch der Kick zur Selbstfindung kommt.

Ich glaube, er bräuchte mal eine Frau, die ihn anständig in den Hintern tritt und die Richtung angibt. Woher weiß ich das bloß?

Bekannte in unserem Alter haben zum Teil schon Enkelkinder, die in die Schule gekommen sind. Ich wäre der Idee an die übernächste Böhmer-Generation durchaus auch aufgeschlossen. Aber der Einfluss potenzieller Großeltern ist darauf ziemlich gering. Außerdem ist unter realistischer Einschätzung der Lage bei beiden in den nächsten Jahren Kindersegen in der Lebensplanung nicht drin. Nora in ihrer offenen Art hat uns schon angedroht, dass sie mal einen ganzen Stall voll Nachwuchs produzieren würde, aber es würde noch eine Zeit lang dauern. Fabius äußert sich nicht dazu. Er konnte aber schon immer einfühlsam und geschickt mit Babys umgehen. Also die Aussichten sind vom Grundsatz her nicht schlecht, aber die Zeit ist noch nicht reif dafür. Da das aber bei allen jungen Leuten dieser Generation nicht anders ist, werden wir wohl in den nächsten hundert Jahren aussterben, es sei denn, wir schaffen das Sterben ab.

Diamantene Hochzeit

Meine Eltern haben diamantene Hochzeit; das bedeutet, sie sind seit sechzig Jahren verheiratet. Für den außen stehenden Betrachter vermittelt die Vorstellung davon eine Mischung aus Bewunderung und ungläubigem Erstaunen.

Wer heute heiratet – es gibt ja noch einige, die sich das zutrauen – wird ein solches Ereignis vermutlich nicht mehr schaffen. Die Lebensumstände haben sich einfach so verändert, dass „bis der Tod euch scheidet" demnächst wohl Minderheitenschutz beantragen muss. Aber selbst bei einem gemeinsamen guten Willen zur Untrennbarkeit wird eine sechzigjährige Ehe schwierig zu erreichen sein, bedeutet doch Heiraten spätestens seit den siebziger Jahren für die meisten Paare das Zwischenzeugnis eines gemeinsamen Lebensabschnittes und nicht den Beginn. So gibt es in unserem Bekanntenkreis diverse Paare, die erst dann vor den Standesbeamten getreten sind, als die gemeinsamen oder auch in die Beziehung eingebrachten Kinder das Haus verließen, die Steuerbelastungen bei BAT 1a in der Steuerklasse I einfach zu hoch wurden oder sich die Menopause ankündigte. Da wird es dann trotz ständig steigender Lebenserwartung schwierig, selbst noch die goldene Hochzeit zu erreichen.

Als ich vor ein paar Jahren einige Male beruflich in der Ukraine zu tun hatte, habe ich festgestellt, dass dort die jungen Leute heute ebenfalls sehr jung heiraten, so mit zwanzig bis zweiundzwanzig. Der Grund liegt wohl in den von der Kirche geprägten gesellschaftlichen Verhältnissen, die keine andere Möglichkeit zulassen, die Sexualität entsprechend dem Hormonhaushalt junger Leute auszuleben als in der Ehe. Vermutlich war das bei der jungen Nachkriegsgeneration meiner Eltern auch nicht viel anders. Wenn später einmal die Sprache auf diese Zeit kam, verklärte meine Mutter ihr damaliges Lebensgefühl mit den Worten: „Wir hatten damals ja nichts, aber das wollten wir wenigstens gemeinsam haben."

Sechzig Jahre soll das her sein. Ich war allerdings noch nicht dabei; es ist alles den damaligen moralischen Vorstellungen entsprechend korrekt verlaufen. Meine Geburt war ziemlich genau ein Jahr nach der Hochzeit meiner Eltern.

An die goldene Hochzeit vor zehn Jahren kann ich mich noch gut erinnern. Meine Eltern leben noch dort, wo sie immer gewohnt haben. Soziologen nennen das ein ländliches bis kleinstädtisches Milieu mit intensiven sozialen Bezügen. Hier hat das Wort Nachbarschaft noch eine eigene Bedeutung. Sie bietet sozialen Halt, übernimmt aber auch eine strenge soziale Kontrolle.

Zu besonderen Anlässen, zu denen zweifellos eine goldene Hochzeit gehört, zwingt die Nachbarschaft zu großen gemeinsamen Festen. Dazu gibt es in der niedersächsischen Tiefebene Lokalitäten, die in dieser Form in der Großstadt nicht den Hauch einer Überlebenschance hätten. Es sind Gaststätten mit einem angeschlossenen Festsaal für hundert bis vierhundert Personen. In einem solchen Festsaal hatte also die goldene Hochzeit stattgefunden, so mit circa zweihundert Menschen. Dazu gehörten neben den unmittelbaren Nachbarn und Verwandten die Abordnungen diverser Vereine, Kaffeekränzchen, Selbsthilfegruppen und anderer Nichtregierungsorganisationen wie z.B. Kniffelrunden.

Bei der goldenen Hochzeit hatte nach einem deftigen Abendessen nun jede dieser Gruppen den Ehrgeiz gehabt, irgendetwas Witziges oder Launiges zum Besten zu geben, mit Bezug auf das goldene Brautpaar oder auch nicht. Dabei waren Beiträge mit unterschiedlicher Qualität zu ertragen gewesen. Im Verlaufe des Abends wurde durch größere Mengen an Bier und Wacholderschnaps die Toleranzschwelle für die Darbietungen allerdings auch deutlich herabgesenkt. Dazu spielte ein höchstens zwanzigjähriger Diskjockey zum Tanz auf und brachte die Menge richtig ins Schwitzen. Wohlgemerkt, das war vor zehn Jahren, und damals waren die Jubilare auch schon dreiundsiebzig Jahre alt gewesen und der größte Teil der Gäste war auch nicht viel jünger. Höhepunkt und erster Abschluss der Feierlichkeit war dann das Vorfahren einer mit viel Lametta und Blumenbouquets geschmückten Hochzeitskutsche gewesen, mit der die Nachbarn unter Ignoranz aller Verkehrsregeln und beträchtlich jenseits der Promillegrenze das Brautpaar einmal durch den ganzen Ort schoben. Das war so gegen halb vier morgens gewesen.

Im Anschluss endeten solche Feiern dann immer zu Hause bei den Gastgebern mit dem traditionellen Spiegeleieressen, das sich unter Einbezug weiterer Flaschen Korn und Wacholder meistens bis in Zeiträume zog, bei denen die arbeitende Bevölkerung schon an die Frühstückspause dachte.

Als nun die diamantene Hochzeit anstand – die Planungen für ein solches Ereignis beginnen mit einem Vorlauf von mindestens einem halben Jahr – verkündete meine Mutter, dass man „gar nichts machen würde". Mit dreiundachtzig Jahren müsse man sich einem solchen Stress wohl nicht mehr aussetzen. Am besten wäre es, man würde einfach für eine Woche verreisen. Mein Vater hat dazu wie zu einigen anderen Gemeinsamkeiten der Lebensgestaltung auch keine dezidierte Meinung. Vielleicht liegt ja darin eine der Bedingungen einer so lange funktionierenden Ehe.

Mit dem Näherrücken des Jubiläums traten allerdings zunehmende Bedenken gegen diese Lösung auf. Das hatte nun wieder etwas mit der Nachbarschaft zu tun. Anders als in der Großstadt ist die Nachbarschaft auf dem Lande nämlich über alle wichtigen Lebensdaten ihrer Gemeindemitglieder informiert und über eine diamantene

Hochzeit im Besonderen. Die Nachbarn würde also eine Ignoranz dieses Termins durch die Betroffenen nicht einfach hinnehmen und sich wohl selber einladen. Dann hätte man über Wochen das Haus voll mit Gästen; Mutter müsste ständig kochen und backen. Außerdem würden sie die unvermeidbaren Trinkereien über einen längeren Zeitraum in ihrem Alter auch nicht mehr abkönnen.

So nahm der Gedanke Gestalt an, doch wiederum eine Feier im nahe gelegenen Festsaal durchzuführen, wenn auch nur eine ganz kleine. Na ja, es wurden dann doch so sechzig bis siebzig Gäste. Da die diamantene Hochzeit auch in der Elterngeneration ein Ereignis von herausragendem Rang ist, hatte es am Vormittag eine offizielle Veranstaltung gegeben. Dazu waren der Bürgermeister, der stellvertretende Landrat, der Sparkassendirektor und einige weitere Honoratioren ins Haus gekommen, hatten gratuliert und sich für die Lokalausgabe des Norddeutschen Boten mit den Jubilaren ablichten lassen. Danach war es bei Kanapees, Sekt und dem unvermeidlichen Doppelkorn wohl schon ganz lustig zugegangen. Mutter wirkte bei unserem Eintreffen – es war für uns ein regulärer Arbeitstag – deshalb schon etwas aufgekratzt. Vater schien die ganze Angelegenheit mal wieder ziemlich kalt zu lassen.

Die Nachmittagsveranstaltung für Freunde und Nachbarn – Verwandtschaft spielt in unserer Familie keine große Rolle mehr – begann so gegen vier Uhr. Außer den Kindern, also uns, dem Pastor, der übrigens auch zur Nachbarschaft gehört und dem Vorstand der Marinekameradschaft waren alle anderen Gäste mehr oder weniger so um die achtzig oder drüber.

Die Feier war auf der Einladungskarte als Empfang deklariert, was den allerdings falschen Eindruck einer kurzen Stehparty vermitteln könnte. Den Anfang machte dabei ein gemeinsames Kaffeetrinken, bei dem jede Menge kalorienträchtiger Sahnetorten vom Format Frankfurter Kränze, Sachertorten oder Eierlikör-Sahnetorten aufgefahren wurde. Die Jubilare saßen dabei unter einem von den lieben

Nachbarn filigran geflochtenen Buchsbaumbogen, der mit Papierblumen und Plastikdiamanten bestückt war. Ein Zweitexemplar dieses Türschmucks war einige Tage vorher schon unter Verzehr einiger Flaschen Wacholder an der Haustür angebracht worden.

Im Anschluss an das Kaffeetrinken erhielt die „kleine Feier" allerdings den schon bekannten Eventcharakter der goldenen Hochzeit. Zunächst wurde der Festsaal dazu in eine Ersatzkirche umgewandelt. Der Pastor hielt eine Predigt ab, im feierlichen Talar und mit dem vollen Programm einschließlich des Absingens von Chorälen, Gebeten und dem Segen für das Paar. Zur Verdauung der schweren Sahnetorten wurde dann der erste Doppelkorn gereicht, bevor diverse Ständchen, Gedichte und Reden zu den vielfältigen Aktivitäten der Jubilare zum Besten gegeben wurden. Da meiner Mutter im Vorfeld eine Feier im wie sie meinte üblichen Rahmen etwas zu einfallslos erschienen war, hatte sie als Höhepunkt der Vorabendprogramms einen Chanty-Chor engagiert, der mit mehr als dreißig älteren Herren im Küsten-Outfit (blaugestreifte Hemden, rotes Halstuch und Prinz-Heinrich-Kappe) in wirklich rührender Weise Seemannslieder und anderes volkstümliches Liedgut zum Besten gab. Danach gab es das Abendessen nach altdeutscher Art, d.h. Spargelsuppe mit Einlage, deftige Fleisch- und Gemüseplatten mit brauner Soße und Vanillepudding mit Waldbeeren, dazu Bier oder Wein. Das mit dem Wein in Norddeutschland, vor allem auf dem Lande, ist allerdings so eine spezielle Sache. Für einen durchschnittlichen Weinkenner sind liebliche Moselweine der Geschmackskiller jeglichen Essens, mag es noch so fett oder fad sein. Der/die Einheimische sieht das allerdings völlig anders.

Die Dramaturgie der Festlichkeit war von meiner Mutter so inszeniert worden, dass nach einem halbstündigen Smalltalk in einem Schlussakt die Veranstaltung so gegen neun Uhr beendet werden sollte. „Alte Leute wollen dann ins Bett gehen", so ihre kategorische Aussage. Ein dazu instruierter Freund der Familie stimmte auf seiner

Mundharmonika „Guten Abend, gute Nacht" an, alle Gäste bildeten einen großen Kreis, fassten sich an den Händen und sangen dazu die drei Strophen des Liedes. In dem Alter hat man den Text in früher Jugend so gelernt, dass man ihn auch mit „Achtzig-plus" noch problemlos beherrscht. Danach verabschiedete sich auch ein großer Teil der Gäste, und die Veranstaltung schien dem Ende entgegenzugehen.

Das war aber nicht im Sinne der Nachbarschaft. Die war nämlich noch nicht dazu gekommen, ihren vorbereiteten Wortbeitrag vorzutragen. Von diesem Vorhaben ließ man sich auch nicht abbringen. Der Inhalt des Vortrages war nicht spektakulär und deshalb nicht weiter erwähnenswert. Der harte Kern von vielleicht fünfzehn Nachbarn hatte sich mittlerweile vor der Festsaaltheke eingeklinkt und verlangte nach Wacholder. Wie von Zauberhand war plötzlich Tanzmusik zu hören, zuerst der Schneewalzer für das Jubiläumspaar, dann das übliche Schützenfestprogramm von Howard Carpendale bis zu Wolfgang Petry. Damit war die Festlichkeit in ihre zweite Phase getreten, ob geplant oder ungeplant, kann hier nicht mehr festgestellt werden. Gegen halb zwölf mussten wir uns leider verabschieden, da der nächste Arbeitstag bevorstand. Außerdem wurden wir langsam müde. Die Festgemeinde ließ sich davon allerdings in ihren weiteren Aktivitäten nicht aufhalten.

Auf Nachfrage erfuhr ich dann einige Tage später, dass das Treiben noch einige Stunden so weitergegangen war und beim unvermeidlichen Spiegeleieressen geendet hatte. Mutter hatte am nächsten Tag über Kopfschmerzen geklagt. Vater hatte nur kurz und trocken kommentiert: „Ja, ja, so ist das!" Im Übrigen war dann noch eine ganze Woche mit weiteren Feierlichkeiten zu Hause verbracht worden mit dem Höhepunkt des so genannten Abkränzens. Dabei entfernen die Nachbarn den zuvor angebrachten Jubiläums-Hausschmuck bei einem deftigen Essen und den üblichen flüssigen Beilagen.

Warum erzähle ich diese Geschichte? Unsere Generation Fünfzigplus kann sich, davon bin ich fest überzeugt, von der Elterngeneration eine ganze Menge abschauen und lernen. Mit dem Pioniergeist der Nachkriegsjahre, mit den Entbehrungen und dem zupackenden Mut sind die meisten von ihnen alt geworden und dabei aktiv und fröhlich geblieben. Sie haben Freundschaften gepflegt und sind nicht vereinsamt. Für mich selbst wünsche ich mir, dass meine Gene die gleiche Struktur haben und ich Gleiches erhoffen darf. Dazu sollte ich vielleicht mal beim nächsten Einkauf darauf achten, ob es auch bei uns Wacholder im Supermarkt gibt.

Wenn ich weiter bei guter Gesundheit bleibe, möchte ich auch gerne noch die Veranstaltung zur eisernen Hochzeit meiner Eltern erleben, das sind dann siebzig gemeinsame Ehejahre Dass die beiden das erleben werden, daran habe ich keinen Zweifel.

Dress-Code

Die Gruppe der Fünfzig- bis Sechzigjährigen umfasst so etwa sechs Millionen Männer in Deutschland. Das ist eine so große Zahl von Menschen ganz unterschiedlicher Herkunft und sozialer Stellung, dass sich die Vorstellung eines einheitlichen Dress-Codes verbietet. Dennoch lässt sich beim Blick in die Vergangenheit feststellen, dass sich mit bestimmten Epochen ein ganz bestimmtes äußeres Erscheinungsbild der Menschen bei uns nachhaltig eingeprägt hat.

So denken wir beim Rückblick auf die fünfziger Jahre an Männer in grauen Anzügen mit großen Filzhüten, übrigens Männer jeden Alters. Keine Ahnung, ob die vorherrschende Farbe wirklich Grau war oder ob es nur an den Schwarz-Weiß-Filmen liegt, die uns diese Zeit dokumentieren. Die Damen trugen entsprechend großgeblümte Kleider oder eng taillierte Chanel-Kostüme. In den Siebzigern differenzierte sich dann das Bild. Jenseits der dreißig trug der Mann immer noch den gleichen Anzug, jetzt allerdings ohne Hut. Bei den unter Dreißigjährigen setzte sich für viele Lebensbereiche der Pullover durch, zu damaliger Zeit eng und kurz. Dazu gehörten Hosen, die nach heutigem Geschmack am Bauch zu kurz und zu eng waren, dafür aber einen übergroßen Schlag besaßen.

Betrachten wir heute die Generation unserer Väter und fragen uns nach dem sie prägenden Kleidungsstück, dann fällt den meisten zuerst der Pepita-Hut ein. Bei manchen unserer Altvordern hat man das Gefühl, dass sie damit noch ins Bett gehen, so verwachsen scheinen sie mit diesem textilen Geschmacksschock zu sein. Ein Pepita-Hut in einem Opel-Vectra an der Ampel vor mir erhöht schon während der Rotphase den Blutdruck. Dazu fallen mir beige Romika-Schuhe ein, die der Fahrer vermutlich trägt, diese Schuhe mit dem geflochtenen Oberleder. Beige ist die Farbe, die vermutlich aus der Sicht ihrer Träger zu allen Farben der übrigen Kleidung passt, aber eigentlich passt sie zu keiner. Der Siebziger trägt auch gerne Pullover, und zwar solche mit einem eigenartigen Muster auf der Vorderseite, das bei mir Assoziationen an Migräne wach werden lässt. Kurz und gut, die Kleidung unserer Vatergeneration hat irgendwie nie diesen Mangelgeist der Nachkriegszeit vergessen lassen, selbst wenn die Sachen heute mittlerweile richtig teuer sind.

Die meisten der Altvordern haben auch vermutlich niemals selbstständig ohne ihre Frauen ein Kleidungsstück gekauft. Das allerdings lässt auch kein gutes Haar an ihren Angetrauten oder zumindest tiefe Einblicke in die Beziehungsgeflechte zu. Weitere theoretische Überlegungen hierzu möchte ich mir aber ersparen, aus Respekt vor anderen Qualitäten der heutigen Omis und Opas.

In unserem Alter kann man feststellen, dass sich in der Mode alles in längerfristigen Zyklen abspielt, alles war irgendwie und irgendwann schon mal in ähnlicher Form da. So mag es auch nicht verwundern, dass selbst der Pepita-Hut oder sein Zwillingsbruder, der Cord-Hut heute eine ganz coole Nummer ist, und zwar in der Hip-Hop-Szene der Zwanzigjährigen. Selbst macht man die Erfahrung, dass eine Mode in ähnlicher Weise wieder auftaucht, wenn man die letzten heiß geliebten Exemplare des letzten Zyklus gerade dem Altkleidersack zugeführt hat, nachdem sie fünfzehn Jahre im Kleiderschrank verstaubten. Ich glaube, jetzt kommen gerade die kurzen Pullover wieder in Mode, die Oversize-Säcke der letzten zehn Jahre werden bei mir wohl noch einige Jahre ungetragen vor sich hinschlummern.

Es ist ganz offensichtlich, dass beim Menschen in der Jugend nicht nur bestimmte Werte und Einstellungen fast unverrückbar für das weitere Leben festgelegt werden, das Gleiche gilt zumindest in Ansätzen auch für Äußerlichkeiten wie die Kleidung. Das wichtigste Kleidungsstück unserer Generation war die Jeans, im Idealfall die Levis 501. Mit vierzehn, als die Kulthose noch nicht vorgewaschen war, haben wir die übergroßen Exemplare in der Badewanne mit einer Nagelbürste auf die richtige Farbe getrimmt. Danach musste sie dann langsam am Körper auf die Idealform zusammenschrumpfen, was manchmal durchaus zu Blasenentzündungen führen konnte. Das alles geschah sehr zum Unverständnis meiner Mutter, die einmal die Unverschämtheit besaß, eine frisch gewaschene Levis zu bügeln und mit einer Bügelfalte zu versehen.

Die 501 ist heute immer noch mein Lieblings-Kleidungsstück. Keine andere Hose passt mir so gut. Ich kann in einen Jeans-Shop gehen und mir ein neues Exemplar ohne Anprobe kaufen. Seit der Zeit der Stonewashed-Exemplare war das Standardmaß bei mir 30/34, heute hat es sich auf 32/34 etwas ausgeweitet, zeigt aber, dass ich eigentlich noch immer ganz gut in Form bin. Altherrenjeans mit viel Stoff um Hintern und Oberschenkel, die mittlerweile für teueres Geld beim Herrenausstatter angeboten werden, kann ich nur als schlimme Mutationen eines edlen Kleidungsstückes ansehen. Peinlich wird es für den Träger einer Jeans, wenn er oben herum mit knappem T-Shirt ausgestattet seine zwanzig bis dreißig Kilogramm Bauspeck über den Hosengürtel wuchtet.

Beim Dress-Code muss man bei den Männern zwischen Berufs- und Freizeitkleidung unterscheiden. Die Berufskleidung ist dabei meistens durch ständische Regeln festgelegt, die teilweise bis ins Mittelalter zurückgehen. Das gilt für Schornsteinfeger, Ärzte oder Köche. Dann gibt es noch die Uniformträger, früher nur bei Staatsdienern als Relikt des Obrigkeitsstaates, heute aber im Rahmen der Förderung von Corporate Identity auch bei Mr. Wash oder Obi. In einigen Großunternehmen der Metall- oder Chemieindustrie dient der obligatorische Schutzhelm weniger der Erhaltung der grauen Zellen als vielmehr als hierarchisches Rangzeichen. Der weiße Helm der leitenden Angestellten signalisiert dabei jedem Buntträger, dass sich Alarmstufe eins ankündigt.

Aber auch der moderne Büroklave hat seine Quasi-Uniform. Der Nachteil ist allerdings dabei, dass diese Form der eingeforderten Standeskleidung trotz ihres teilweise hohen finanziellen Aufwandes nicht als Werbungskosten steuerlich geltend gemacht werden kann. In der Zeit meiner ersten Berufstätigkeit war IBM-blue angesagt – bei den anderen. Und das galt nicht nur bei dem großen Computerhersteller, sondern irgendwann in allen Büros. Damals war der blaue Anzug kombiniert mit Nyltesthemden und Lurexkrawatten das Standessymbol derjenigen, die sich die Finger nicht mehr dreckig machten (wie man es damals bezeichnete). Grundsätzlich hat sich an dieser Anzugkultur bis heute wenig geändert, nur die Revers und die Hosen werden mal schmaler und mal breiter. Als einzig belebendes Element bleibt da noch die Krawatte, bei der allerdings der angeordnete Farbcode in immer kürzeren Zyklen wechselt. Manchmal sieht man da noch einen Politiker mit einer fünfzehn Jahre alten breiten Flower-Power-Krawatte vor die Kameras treten. Das ist im Gleichschritt der vielen Pinguine mit ihren Anzuguniformen dann schon ein echter Hingucker mit Mut (oder ohne weibliche Hilfe).

Vor einigen Jahren wurde in Organisationen mit modernem Anstrich Teamorientierung und Hierarchieabbau verordnet. Dazu gehörte nach amerikanischen Vorbildern, dass der Chef nicht mehr Chef war, sondern plötzlich der liebe Dieter, und der Freitag wurde völlig zwanglos zum „casual day" befohlen. Das bedeutete, dass man anstatt im Anzug in Hose und Pullover zu erscheinen hatte. Diese Umstellung verunsicherte oder überforderte einige Angestellte, die jahre- (oder jahrzehnte-) lang mit ihren fünf Anzügen ganz gut gefahren waren. Einige hatten die Botschaft aber auch völlig falsch verstanden, wenn sie im Sommer freitags plötzlich mit Bermudas und Badelatschen zur Konferenz erschienen. Als die Konjunktur anfangs des neuen Jahrtausends eine starke Delle bekam, war es dann mit dem Spuk schnell vorbei, und aus dem lieben Dieter wurde wieder Direktor Dr. Deppenbaum. Und den Pullover im Büro gibt es höchstens noch in der Programmierabteilung, wohin sich sowie kein Fremder verirrt.

In der ersten Zeit meiner Selbstständigkeit wäre es für mich geradezu geschäftsschädigend gewesen, wenn ich mit einem Anzug und Kulturstrick bei meinen Klienten aufgetaucht wäre. Es war wichtiges äußerliches Detail meines Erfolges, dass ich mit Rauschebart, längeren Haaren, in Jeans und mit Clogs in der selbstverwalteten Szene auftauchte, und dennoch Ahnung von Soll und Haben hatte. Ja ich würde sogar behaupten, mein Dress gab mir einen wesentlichen Vertrauensvorschuss. Die filigrane Kunst meiner Tätigkeit bestand darin, den Leuten zu vermitteln, dass höhere Erträge als Aufwendungen, also Gewinn (das Wort war allerdings tabu) nicht gleichbedeutend war mit der Anbiederung an das kapitalistische System. Auf den von mir geprägten Begriff „Aufwandssaldo" bilde ich mir heute noch etwas ein. Mit Aufwandssalden habe ich so einige Altlinke mit sanftem Druck zu Tätigkeiten animieren können, die ihnen heute ein ziemlich erträgliches Ein- und Auskommen ermöglichen.

Im Laufe der letzten dreißig Jahre hat sich dann sowohl bei mir als auch bei meiner Kundschaft einiges geändert, sowohl in der Einstellung zum Geld als auch im Äußeren. Dabei gibt es aber kaum jemanden der alten Genossen, der heute wie ein moderner Sparkassen-Angestellter im Boss-Anzug daherkommt. Die Krawatte gilt bei Ex-Alternativunternehmern jedenfalls nach wie vor als ein Stilbruch.

Dabei ist es nicht so einfach, das richtige Erscheinungsbild abzugeben, welches den eigenen Lebensstil und die gesellschaftliche Position und Einstellung adäquat ausdrückt. Das Motto lautet in etwa: Locker lässige Eleganz auf den zweiten Blick, deren Preisklasse sich nur dem Kenner erschließt. Aber es ist wahrlich nicht so einfach, diese bescheidene Unauffälligkeit mit dem dezenten Pfiff hinzubekommen. Im Gegensatz zu unseren Vätern benötigen wir dazu aber nicht die Hilfe der Frauen, im Gegenteil, im Rahmen unserer Selbstbestimmung ist Stilbildung Chefsache. Ebenfalls ist es tabu, irgendeinem Outfit-Diktat der Modeindustrie hinterherzulaufen, wie sie gerne durch Lifestyle-Magazine unters Volk gebracht werden.

Wichtiges Detail sind dabei die Schuhe, gerne von Edward Greens, Crocket & Jones oder handgemacht von Luigi aus dem Chianti. Mit Schuhen kann man viel richtig machen, aber auch die Gesamterscheinung total versauen. Das Geheimnis guter Schuhe liegt darin, dass sie Klasse durch Schlichtheit schaffen. Solche Schuhe kennen keine Mode und kaum einen Verschleiß. Sie sind deshalb ihren Preis auch wert. Leichte Mokassins im Sommer werden selbstverständlich ohne Socken getragen. Es bleibt aber unser Geheimnis, dass dabei manchmal eine Tube Fußpilzsalbe zum Einsatz kommen muss. Im Winter werden die etwas höheren Schuhe mit schlichten halblangen Socken kombiniert. Ich trage gerne englische Jodhpur Boots. Ein Mann mit weißen Socken oder weiß-schuppigem Fleisch zwischen Socke und hochgezogener Hose ist so unpassend wie ein Furz in der Oper.

Auch mit der Hose ist es nicht so einfach. Ich persönlich mag Kombinationen, zu denen eine Baumwollhose gehört, natürlich ohne Bügelfalte. Wichtig ist, dass sie knackig am Hintern sitzt und locker auf die Schuhe fällt. Nach meinem Geschmack ist eine gute Jeans nach wie vor ein Kleidungsstück für alle Anlässe, wirklich alle. Meine Frau hat diese Ansicht früher geteilt, kommt mir aber neuerdings bei manchen Festivitäten, wie z.B. den sich häufenden Silberhochzeiten im Kreis von Bekannten und Nachbarn mit leiser Kritik. Wenn ich dann allerdings höre, ich solle mir etwas Vernünftiges anziehen, schalte ich auf stur. Vernünftig ist für meine Generation das Unwort schlechthin. Zur Hose gehört der richtige Gürtel, einfarbig und schlicht mit einer dezenten Schnalle.

Das Hemd ist dem Manne näher als der Rock. Ich gebe zu, dass ich einen Hemdentick habe. Bei Oberhemden ist es so wie bei vielen

Industriegütern: Man bekommt kaum noch etwas, was ausschließlich aus einfachen und natürlichen Bestandteilen zusammengesetzt ist. So ist es fast unmöglich, in einem deutschen Kaufhaus ein Hemd aus reiner Baumwolle zu finden. Das Etikett mit dem Hinweis „100% Baumwolle" verschweigt dabei in der Regel, dass die bedauernswerte Faser in einen Chemikaliencocktail eingeschweißt ist, der Knitterfreiheit, Farbtreue oder Schmutzabweisung verheißt. Neuester Gag der Industrie ist die Ausstattung der Hemden mit Nanotechnologie, die dem Träger verspricht, ein Soßenspritzer würde beim Aufprall gleich zurück auf den Teller katapultiert. Wenn damit suggeriert werden soll, dass man solche Kleidungsstücke nie mehr waschen müsse, so verzichte ich gerne darauf.

Erstaunlich ist auch, dass die auf natürliche Rohstoffe beschränkten Hemden einen deutlich höheren Preis haben als die High-Tech-Waren aus dem Kaufhaus. Italienische oder englische Nischenanbieter jedenfalls produzieren noch am ehesten die Art von Hemden, die ich mag. Ich besitze zwar eine Menge meist italienischer Krawatten, aber ich lege sie äußerst selten um. Sie sind so etwas wie für andere eine Münzsammlung – hat man, liegt aber nur im Tresor. Irgendwie habe ich immer das untergründige Gefühl, Krawattenträger sind fremdgesteuert; einen solchen, den Hals zusammenschnürenden Strick trägt man nicht aus freien Stücken.

Je nach Jahreszeit und Anlass trage ich über dem Hemd nichts, einen Pullover oder ein Sakko. Bei Pullovern bevorzuge ich schlichtes einfarbiges Design. Wichtig ist mir dabei, dass ich nicht als Litfasssäule herumlaufe. Deshalb meide ich Pullover, die Amphibien, Pferdesportler oder andere Markenzeichen als Embleme auf der Brust tragen. So eine grüne Echse ist für mich ein Ferrariersatz oder Code für ÜSS (übersteigertes Selbstdarstellungssyndrom).

Mit Sakkos ist das auch so eine Sache. Bis vor ein paar Jahren trug man zumindest im Sommer Leinensakkos. Aber schon nach einer halbstündigen Autofahrt sah das Kleidungsstück aus, als habe man eine Nacht damit durchgezecht und anschließend ein paar Stunden auf einer Parkbank gelegen. Modeexperten wollten uns klarmachen, dass es sich dabei um durchaus gewolltes Edelknittern handele. Alt gewordene Jusos und Studiendirektoren kann man immer noch mit diesen ausgebeulten Säcken von Boss herumlaufen sehen.

Heute muss ein Jackett vor allem gut geschnitten sein, leicht tailliert, so dass man schlank-sportlich daherkommt. Wichtig ist auch hier die lässige Eleganz, die besonders durch weiche Stoffmischungen betont wird.

„Unten drunter" ist heute für einen Jungsenioren nicht mehr so bedeutsam, zumindest in der Außenwirkung. Die Möglichkeit, in Unterwäsche dem anderen Geschlecht außerhalb der Familie zu begegnen, ist mittlerweile ziemlich gering. „Der Drops ist gelutscht", wie ein guter Freund dazu hin und wieder bemerkt. Das sollte einen aber nicht dazu verleiten, jetzt auf den weißen Feinripp der Vätergeneration zurückzufallen. Trotz aller öffentlichen Diskriminierungen ist diese deutsche Spezialität von Liebestötern aber nicht aus den Regalen zu eliminieren, was nur auf die nach wie vor vorhandene Nachfrage zurückzuführen sein kann.

Die richtige Unterwäsche kann schon ein gutes Körpergefühl vermitteln. Ich trage gerne weiße oder auch gestreifte Retroshorts, die mit dem kurzen Bein. Rückwärtig straffen sie den Hintern und vorne vermitteln sie das Gefühl, man habe noch das dralle Leben in der Hose. Aber auch hier gilt, nicht am falschen Ende zu sparen. Im Urlaub kaufte ich mal ein paar Jockey-pants (womöglich waren es Plagiate), bei denen ganz offensichtlich vorne die Ausbeulung fehlte. Nach kurzer Zeit scheuerten die Hoden an den Oberschenkeln, und ich konnte keinen Schritt mehr vor den anderen setzen. Ein Fehlkauf, der nur noch zum Schuheputzen geeignet ist. Für Unterhemden gilt Gleiches wie für Unterhosen. Gut geschnitten, d.h. mit kleinem Armausschnitt, heben sie den Oberkörper und unterstützen den aufrechten Gang.

Ich habe zeit meines Lebens freiwillig keine Kopfbedeckung getragen. Unfreiwillig musste ich als Kind die mir von der Mutter verordnete Pudelmütze aufsetzen, und bei der Bundeswehr kam ich neben dem Stahlhelm nicht um die diversen Uniformdeckel herum. Im Prinzip ist meine Generation hutlos. Daran wird sich bei mir auch nichts mehr ändern.

Anders sieht das aber seit einigen Jahren bei einer zunehmenden Zahl von Geschlechtsgenossen aus, die dem Vorbild ihrer Söhne folgen und mit amerikanischen Baseball-Kappen oder Abwandlungen davon herumlaufen. Unser Sohn schien zeitweise mit seiner Yankees-Cap so verwachsen zu sein, dass er damit sogar ins Bett ging. Mittlerweile hat sich das Phänomen auf die Jungsenioren ausgebreitet. Kappen wirken dabei zunehmend identitätsstiftend. Golfer, Tennisspieler, Segler zeigen der Umwelt damit die Zugehörigkeit zu exklusiven Sportarten; Weitgereiste weisen darauf hin, dass sie im Outback oder auf den Seychellen waren, Geländewagenfahrer tragen gerne Caps von exklusiven Automarken. Wer zeigen will, dass er es sich leisten kann, ziert seine Cap mit dem Emblem gehobener Modemarken, der etwas schlichtere Typ zeigt seine Biermarke oder die Zugehörigkeit zu Schalke 04 oder Bayern München. Für mich haben die Kappen auf den Köpfen älterer Männer etwas Lächerliches, einen Rückschritt in Kindheitserinnerungen, der auf eine einsetzende Senilität schließen lässt. Vielleicht ist es aber auch nur ein unterschwelliger Anti-Amerikanismus.

Gefährliche Zeiten

Uwe und Heidi haben sich getrennt. Nach Aussagen von beiden ist da schon seit Jahren nichts mehr gelaufen. Mona hat Hermann rausgeworfen, weil er ein Verhältnis mit einer Fünfunddreißigjährigen hatte. Hermann hatte Mona schon immer betrogen. Alle wussten es, nur Mona angeblich nicht. Hermann meinte nach der Offenlegung, man könne doch so weiterleben wie bisher, denn als sie es noch nicht wusste, seien sie doch auch ganz glücklich miteinander gewesen. Und daran habe sich aus seiner Sicht auch nichts geändert. Mona hatte kein Verständnis dafür.

Ludger wurde von Eva vor die Tür gesetzt. Als Geschäftsführer einer Maschinenfabrik war er häufig in den USA und hatte dort mit einer knackig-jungen Afro-Amerikanerin ein Parallelleben geführt. Hans und Martina verstehen sich eigentlich noch ganz gut, wollen nur nicht mehr so dicht aufeinanderhocken. Martina hat sich eine Wohnung in München genommen und kommt einmal im Monat zurück, für ein Wochenende. Armin wohnt jetzt in Shanghai; er baut für seinen Arbeitgeber ein Zweigwerk auf und kommt zweimal im Jahr für eine Woche zu Eva zurück. In seinen E-Mails schwärmt er mir von seinen wilden Eskapaden mit seiner fünfundzwanzigjährigen chinesischen Freundin vor. Eva hat sich zurückgezogen in sich selbst und versucht, mit Hilfe eines Yoga-Meisters, den sie anhimmelt, ihre Chakren zu harmonisieren.

Allen gerade Genannten ist gemeinsam, dass sie zu unserem Bekanntenkreis gehören und dass sie jenseits der fünfzig sind. Die meisten Paare waren langjährig verheiratet und hatten ihr silbernes Dienstjubiläum hinter sich. In fast allen Fällen waren es dabei die Frauen, die mit dem gemeinsamen Leben nicht mehr einverstanden waren und den Männern die Koffer vor die Tür stellten. Und die sind dann verschwunden und haben irgendwo anders ein neues Leben begonnen.

Für mich ist das bedauerlich, da sich auf diese Weise unser gemeinsamer Freundeskreis in Erosion befindet. Bei den vielen Fluchten meiner alten Freunde fehlt mir da schon manchmal das Gespräch von Mann zu Mann oder der Partner für den Besuch eines Fußballspiels. Die Frauen bleiben in ihren vertrauten sozialen Bezügen, das bedeutet, sie bleiben uns erhalten. Das ist einerseits ganz nett, andererseits muss ich mir dann häufig lange Geschichten anhören, über schwanzgesteuerte Daddys, in Jugendwahn verfallende, durchgeknallte Typen, eiskalte Unterhaltsverweigerer. Das Ganze ist dann garniert mit wüsten Beschimpfungen des über Jahrzehnte heiß geliebten Ehepartners. Ich bin dabei ein geduldiger Zuhörer, habe mir aber eine Stellung- und Parteinahme abgewöhnt. Meistens gibt es ja zu derselben Trennungsgeschichte zwei recht unterschiedliche Versionen.

Wenn es auch vielleicht nicht der tiefere Grund ist, Anlass für eine Trennung ist häufig der körperliche Kontakt eines Ehepartners zu einer dritten Person. In der Zeitung las ich neulich, ungefähr jeder zweite erwachsene Deutsche habe zugegeben, sich schon mal einen Seitensprung geleistet zu haben. Wenn man davon ausgeht, dass die überwiegende Zahl dieser Vorgänge heterosexueller Art war, so gehören also immer mindestens ein Mann und eine Frau dazu. So ist es auch nicht verwunderlich, dass beide Geschlechter gleichermaßen daran beteiligt sind, also hat es jeder zweite Mann und jede zweite Frau mit der Treue irgendwann mal nicht so ernst gemeint. Die Aussagekraft von Statistiken ist ja grundsätzlich zweifelhaft. Interessant wäre es aber herauszufinden, ob verheiratete Männer es mehr mit verheirateten oder unverheirateten Frauen treiben oder verheiratete Frauen mit verheirateten oder unverheirateten Männern. Bei den wirklich spannenden Fragen kapitulieren die meisten Erhebungen.

Bleibt aber festzuhalten, dass der Mythos von den bösen, umtriebigen Männern und den braven Heimchen am Herd Illusion ist.

Die Statistik sagt weiter, dass für dreißig Prozent der Betrogenen der Seitensprung das Aus der Beziehung bedeutet. Daraus sollte man schließen, dass es bei einmaligen oder kurzfristigen Affären besser ist, die Sache für sich zu behalten und nicht mit schlechtem Gewissen zu beichten; jedenfalls dann, wenn man seine Partnerschaft erhalten möchte. Für die Trennung der über Fünfzigjährigen sind ja nun die ganz wilden Jahre überschäumender Hormonausschüttung vorbei, und es muss noch etwas anderes sein, was die Paare auseinandertreibt.

Da Männer und Frauen grundsätzlich unterschiedlich ticken, wie ich an anderer Stelle schon ausgeführt habe, sind die Motive der Geschlechter für die Trennung dementsprechend auch völlig andere. Männer sind von Natur aus Spieler. Die Spielregeln folgen dabei sehr rationalen Kriterien. In jungen Jahren spielt man um Mädchen oder Frauen. Die Spiele haben dabei zwei Richtungen, zuerst möchte man sich selbst beweisen, dass man es kann, dass man witzig, hübsch, intelligent, eloquent oder was auch immer genug ist, um die Herzen der Frauen zu gewinnen. Dabei gewinnt man schnell ein Gespür dafür, was geht und was nicht. Bei mancher Traumfrau habe ich nicht mal im Traum dran gedacht, einen Versuch zu starten. Es war mir klar, dass ich nicht den Hauch einer Chance gehabt hätte.

Aber das Werben um Frauen ist auch immer Revierkampf. Es geht darum, den anderen Jungs zu zeigen: „Heh, die Hübsche dort gehört mir, ich hab' sie rumgekriegt, und ich gebe sie nicht her." Dazu gehört dann auch, dem anderen, manchmal einem guten Freund, die Süße mit den besseren Attributen oder Argumenten auszuspannen. Dieses Spiel macht man ein paar Jahre, bis man in der Hackordnung seinen Rang gefunden hat. Das bedeutet, man hat auf der Attraktivitätsskala die Frau gefunden, die man mit der eigenen körperlichen und geistigen Ausstattung gerade noch bekommen kann. Wenn man zur inneren Ruhe und Frieden mit sich selbst und der Welt kommen will, akzeptiert man diese Zuordnung und nennt das dann Liebe.

Mit der Zweierbeziehung beginnt dann ein neues Spiel, das Partnerschaftsspiel. Dabei handelt es sich um ein Strategiespiel. Man kann es vielleicht mit dem Segeln vergleichen. Skipper und Vorschotmann müssen dabei eine Einheit bilden, damit der Kahn nicht kentert. Klar ist, dass jeder ans Ruder möchte, aber es kann auch sinnvoll sein, sich mal dabei abzuwechseln. Ein gutes Team erweist sich in verschiedenen Lagen als stabil, sowohl in wildem Wasser als auch in der Flaute. Aus der Sicht des Mannes kann die Segelparty unterschiedlich lange dauern. Vielleicht herrscht zu viel Flaute, und es wird schnell langweilig. Oder man gerät in einen Orkan, so dass einem die Turbulenzen auf den Magen schlagen und man schnell den nächsten Hafen ansteuert und aussteigt. Aus der Sicht der Zuschauer kann man dann schon mal wie ein Spielverderber dastehen.

Dabei gibt es natürlich recht unterschiedliche Spielerpersönlichkeiten. Der eine bleibt während seiner gesamten Laufbahn dem einen Verein treu, der andere wechselt nach jeder Saison, weil er glaubt, woanders noch erfolgreicher zu sein. Manchem gelingt es dabei, seinen Marktwert zu steigern, und er glaubt plötzlich, in der Championsleague der Damenwelt zu spielen. Der andere greift daneben und steigt ab.

Für Frauen scheint die Partnerschaft nach anderen Kriterien zu funktionieren, weniger spielerisch. Natürlich soll der Auserwählte auch möglichst dem gängigen Schönheitsideal entsprechen oder zumindest vorzeigbar sein. Aber das ist es in der Regel nicht allein. Trotz jahrzehntelanger Emanzipationsbestrebungen suchen die meisten Frauen doch nach wie vor die starke Schulter zum Anlehnen. Für sie ist Partnerschaft eine ernste Angelegenheit. Ein Nest zu bauen, Kinder zu bekommen und aufzuziehen, dazu bedarf es des richtigen Partners. Und wenn sich der Auserwählte als Niete bei diesen Gemeinschaftsaufgaben erweist, dann ist das eine große Enttäuschung.

Wenn Frauen fremdgehen, dann tun sie es nicht als kleines Gesellschaftsspiel „just for fun", nein, sie tun es auf der Suche nach etwas, was sie in der herrschenden Verbindung nicht finden. Frauen sind da konsequenter und zielstrebiger. Wie anders ist es zu erklären, dass Frauen jeden Alters die ostdeutsche Pampa und ihre von Arbeitslosigkeit und mangelnder Perspektive verunsicherten Männer verlassen und den Märchenprinzen im Westen suchen.

Zusammengefasst kann man also feststellen, Männer in den besten Jahren gehen fremd, weil es ihnen in der Beziehung nach mehreren Jahrzehnten zu langweilig wird. Sind sie dabei konsequent, so verlassen sie die langjährige Angetraute und lassen sich auf ein neues Abenteuer ein. Bringen sie diesen Schritt nicht übers Herz, so können sie sich auch partnerschaftliche Parallelwelten aufbauen. Frauen beenden die Beziehung aus Enttäuschung, entweder weil sie offen betrogen wurden oder weil sie wegen Lieblosigkeit in der Beziehung irgendwann die Reißleine ziehen.

Das Ergebnis einer Trennung ist in jedem Fall fatal. Eine über Jahrzehnte gewachsene mentale und ökonomische Partnerschaft mit ihrer bewussten oder auch unbewussten Arbeitsteilung wird meistens abrupt zerschnitten. Aus einem Team werden zwei Einzelkämpfer, untereinander und gegen den Rest der Welt. Dabei ist zunächst der aktiv Trennende im Vorteil, sei es, dass er bereits in eine neue Partnerschaft eintritt oder sei es nur, dass er sich schon länger auf diesen Schritt einstellen konnte. Der oder die passiv Betroffene hat zunächst die schlechteren Karten, weil man die Trennung vielleicht noch nicht wahrhaben oder hinnehmen will oder nur weil man sich allein gelassen und gedemütigt fühlt. Was die davon betroffenen Männer angeht, habe ich schon herzzerreißende Szenen erlebt. Da wird dann aus einem ansonsten souverän und gestanden auftretenden Mittfünfziger plötzlich ein mentales Wrack mit trotzigen Rückfällen in kleinkindhafte Verhaltensweisen. Frauen leiden da stiller, bilden aber auch schneller strategische Allianzen unter Geschlechtsgenossinnen, um diese Tiefs zu überwinden.

Was ist nun aus den eingangs erwähnten Paaren nach der Trennung geworden? Hat sich der Cut mit all seinen Konsequenzen irgendwie gerechnet? Die Antwort darauf hat naturgemäß viele Facetten, aber auch einige Überraschungen zu bieten. Einige – Männer wie Frauen – haben schnell eine neue Beziehung gefunden, wobei Honeymoon bei Jungsenioren aus der Außensicht irgendwie süß aussieht. Zwei Dinge waren dabei einigermaßen erstaunlich. Einmal waren es häufig nicht die aktiv Trennenden sondern die Sitzengelassenen, die schnell einen neuen Partner und eine offensichtlich stabile neue Verbindung gefunden haben. Und dann spielten dabei die körperlichen Attribute offensichtlich eine nicht mehr so wichtige Rolle. Wilhelm mit Glatze und zwei Schwimmringen um die Mitte ist mit der durchaus attraktiven Anke ein äußerst glückliches Paar geworden. Und bei Adele, die mit Verlaub einen ziemlich ausgeprägten Hängehintern hat und Ansätze von einem dunklen Damenbärtchen, hat jeder im Bekanntenkreis vermutet und auch geäußert, dass es wohl ziemlich schwierig würde mit einem neuen Mann. Nachdem sie aber in drei Monaten sechs bis acht verschiedene Kerle ausprobiert und für nicht akzeptabel abgelehnt hat, hat sie jetzt Heinz-Uwe als die ultimative Liebe gefunden. Demnächst wollen sie gemeinsam nach Portugal auswandern. Auf jedes Pöttchen passt also ganz offensichtlich wirklich ein Deckelchen.

Aber auch das Gegenteil von glücklichen Trennungen musste ich miterleben. Armins Affäre mit der jungen Chinesin hatte sicherlich ihre Reize, zumindest kurzfristig. Aus eigenen, wenn auch schon lange zurückliegenden Erfahrungen kann ich das durchaus bestätigen. Aber wilder Sex als im Wesentlichen einziges Verbindungselement zwischen einem deutschen Mittfünfziger und einem exotischen Girl im Alter der eigenen Tochter reicht auf die Dauer nicht aus.

Unterschiedliche Lebenswelten und offensichtlich auch differierende Erwartungen an eine gemeinsame Zukunft, wenn sie denn überhaupt von beiden Seiten in Erwägung gezogen wurde, führten dazu, dass es ein schnelles Ende gab. Heute reist Armin als Global-Manager von einer Wirtschaftsmetropole zur nächsten und lebt aus dem Koffer. In Düsseldorf hat er ein liebloses Apartment, das mehr einer Abstellkammer gleicht. Er behauptet, dieses freie Leben wäre schon immer das gewesen, was er sich gewünscht hat. Aber dann erzählt er von den Puffs in Detroit, Seoul oder Kapstadt. Ich habe meine Zweifel, ob er das auch vor sich selbst ernsthaft für eine erstrebenswerte Alternative zu seiner mehr als fünfundzwanzigjährigen Ehe hält, die zumindest nach außen immer ganz gut zu funktionieren schien.

Es gibt nach meiner Einschätzung mehr Trennungsopfer als Profiteure, sowohl bei den ehemaligen Partnern, die sich aktiv trennten als auch bei den kalt Erwischten. Dabei zeigen sich viele Indizien, dass Frauen nach einer so langen Gemeinsamkeit mit dem Leben danach insgesamt besser zurechtkommen. Einsame alte Männer empfinde ich eher als traurige Erscheinungen. Frauen haben da häufig mehr Geschick oder Fantasie, das Leben notfalls auch für sich ganz alleine zufriedenstellend zu gestalten.

Ein alter Bekannter hat zu seiner Beziehung einmal beiläufig festgestellt: „Jetzt haben wir es fast dreißig Jahre ganz gut miteinander hinbekommen, dann werden wir den Rest auch wohl noch schaffen." Das ist im Prinzip auch meine Devise, auch wenn es vielleicht wenig romantisch klingt. Deshalb will ich einmal, und diesmal nicht nur aus männlicher Sicht, ein Plädoyer für das gemeinsame Altern halten. Zehn gute Gründe fallen mir ein, die dafür sprechen.

1. Mit zunehmendem Alter sollte man risikobewusster leben, nüchtern gegeneinander abwägen, was man hat und was man verlieren kann. Kein vernünftiger Mensch wird die der Alterssicherung die-

nende Lebensversicherung gegen einen Hedgefonds eintauschen. Statt hoher Gewinnversprechen kann der Totalverlust drohen. Ist das Versprechen einer vagen Glückseligkeit da wirklich die Aufgabe von zwanzig oder dreißig Jahren voll Liebe, Zuneigung, gemeinsamen Lebens und Erlebens wert?

2. Zwar kann es gelingen, dass jeder Partner einen Teil der Freunde mit in das neue Leben hinüberrettet, sicher ist das nicht. Viele stehen plötzlich ziemlich einsam und alleine da. Die eigenen Kinder sind da in der Regel eindeutiger parteiisch. Der aktive Teil der Eltern ist der Bösewicht, der die Idylle von der schönen Kindheit zerstört hat. Kinder verzeihen das nie, auch wenn sie mittlerweile über dreißig sind.

3. Altern beinhaltet die Sehnsucht nach einem gewissen Maß an Ruhe und Gelassenheit. Das findet man in einer gewachsenen Beziehung. Da hat jeder seine Rolle gefunden, die auch vom Partner (mehr oder weniger) akzeptiert wird. Man kann auch mal einen ganzen Tag schweigen, ohne sich dafür erklären zu müssen. Eine neue Partnerschaft schafft dagegen Stress. Man muss sich ständig rechtfertigen, Entertainment anbieten, leistungsbereit und -fähig sein. Welcher Mann will schon abends freiwillig ins Kino in einen Frauen-Versteher-Film gehen, wenn gleichzeitig im Fernsehen ein Länderspiel läuft?

4. Das mit der Gelassenheit gilt natürlich auch für den Sex. Die Natur verlangt dabei vom Mann eindeutig messbare Leistungen, damit es klappt. In jüngeren Jahren kennt jeder Mann das Problem, die geforderten Ansprüche immer prompt erfüllen zu müssen. Versagensängste sitzen einem da ständig im Nacken. Zu einer langjährigen Partnerschaft gehören natürlich noch das sexuelle Verlangen und die Lust. Aber wenn es denn mal nicht so klappt wie gewünscht, bei wem von beiden auch immer, so kann man das akzeptieren und vielleicht sogar gemeinsam darüber lachen. Ohne Stress klappt es dann beim nächsten Mal bestimmt wieder. Potenzpillen sind in einer

funktionierenden Ehe überflüssig, auch wenn die Pharmaindustrie uns ständig das Gegenteil einreden will.

5. In unserem Alter haben die meisten mit ihrem Ehepartner mehr Jahre verbracht als mit jedem anderen Menschen. Von niemandem weiß man mehr und niemand weiß mehr über einen selbst. Das schafft ein tiefes Vertrauen, das auch Hoffnung für ein gutes Gelingen der gemeinsamen Zukunft in sich trägt. Dazu gehört auch die Möglichkeit, den anderen mit Verständnis und Zuneigung zu pflegen und zu betreuen, falls die Dinge einmal in diese Richtung laufen.

6. Ich habe manchmal das Gefühl, die Marotten nehmen im Alter zu. Bei mir zwar weniger, aber bei anderen beobachte ich das schon. Doch, etwas fällt mir schon ein, ich pupse gerne im Bett. Was raus muss, sollte man nicht aufhalten. Wer kann das schon ertragen, wenn sie es nicht schon seit fünfundzwanzig Jahren kennt.

7. Trennung macht arm. Schon aus rein wirtschaftlichen Überlegungen führt die Scheidung im Alter dazu, dass aus zwei Menschen mit einer gemeinsamen Versorgungssicherheit meistens zwei arme Alte werden. Wenn dann noch dazukommt, dass sich diese beiden um ihr Vermögen streiten, muss von dem Verbliebenen noch der Anteil abgezogen werden, den man für Rechtsanwälte und Gerichte bezahlen muss.

8. Gemeinsames Altern wirkt lebensverlängernd, zumindest für uns Männer. Auch das haben natürlich wieder die Statistiker herausgefunden. Danach kommt uns im hohen Alter die Pflege unserer Angetrauten zugute. Allerdings sagt dieselbe Statistik auch, dass das zu Lasten der Frauen geht und bei ihnen eher lebensverkürzend wirkt. Da sie statistisch betrachtet aber immer noch einen Überlebensvorsprung haben, sei ihnen zum Trost gesagt, dass sie damit im hohen Alter ein paar Jährchen weniger alleine auskommen müssen.

9. Gemeinsamkeit, Vertrautheit, neue Impulse, das sind die wesentlichen Geheimnisse für ein sinngebendes Älterwerden. Mit einem verlässlichen Partner Dinge noch ein zweites Mal im Leben zu

tun, gehört für mich dazu. Vielleicht noch einmal ein Haus bauen oder eine neue Wohnung einrichten, noch einmal vier Wochen durch die peruanischen Anden reisen wie 1980, aber bitte nicht mehr mit dem Rucksack, gemeinsam Italienisch lernen, was vor fünfundzwanzig Jahren wegen der Kinder leider im Sande verlaufen ist.

10. Apropos Kinder: Ich wünsche mir schon, dass die mich betreffende Evolution nicht bei mir oder meinen Kindern endet. Ich hoffe also, dass unsere Kinder uns noch vor Erreichen der Senilität mit Enkelkindern beglücken werden. Natürlich weiß ich, dass mein Einfluss darauf ziemlich gering ist, aber toll fände ich es schon. Und ich glaube ganz sicher, dass man das Aufwachsen der Kinder der eigenen Kinder ganz besonders als gemeinsame Großeltern genießen kann.

Großes Kino

Eigentlich habe ich mich für mein Alter ziemlich fit gehalten. Ob das an meiner mehr oder weniger gesunden Lebensweise liegt, weiß ich nicht. Vielleicht sind auch nur die Gene gut disponiert. Krankenhauspatient war ich das letzte Mal mit sechzehn, als mir der Blinddarm entfernt wurde – unnötigerweise, wie ich noch heute fest glaube. Und zum Arzt muss ich auch eigentlich eher selten. Lässt sich das aber mal nicht umgehen, so versuche ich mit allen Mitteln und Tricks, das Wartezimmer zu vermeiden. Einmal ist das für mich ein ökonomisch schwer vertretbarer Verlust von Arbeitszeit, und dann kann ich diese Wartezimmeratmosphäre auch schlecht ertragen. Manchmal werde ich das Gefühl nicht los, da blasen die Ärzte über heimliche Luftschächte Bazillen auf die Wartenden, um sie längerfristig an sich zu binden. Ich finde, Wartezimmer machen krank.

Schaut man mal näher hin, so stellt man fest, dass die Wartenden zu drei Vierteln aus Frauen bestehen, vor allem älteren Frauen. Ich wage die Hypothese, dass ab einem bestimmten Alter viele Frauen gerne zum Arzt gehen. Dafür mag es mehrere Gründe geben. Da der niedergelassene Arzt zum überwiegenden Teil männlich ist und die Arztserien im Fernsehen ihn als umsichtigen Frauenversteher verklären, holt sich sicher manche einsame Frau dort die benötigte Portion weiße Götterspeise ab. Die besteht aus dem Abladen von Problemen – echten und vermeintlichen, einer Portion Verständnis und ein paar Placebos auf Rezept.

Frauen scheinen auch mehr Zeit für Arztbesuche zu haben als Männer. Da trotz oft wochenlanger Terminvorläufe die Wartezeit in der Regel trotzdem noch immer eine Stunde oder länger dauert, kann man den halben Lesezirkel bewältigen und sich so auf den neuesten Stand der Yellow-Press bringen. Blättert man mal selbst in solch einer Zeitschrift, so stellt man fest, dass diese ganz offensichtlich von der Pharma- und Ärztelobby gesponsert wird, denn dort werden durch redaktionelle Beiträge ständig bisher unbekannte Krankheiten produziert. Die Symptome sind dabei allerdings so angelegt, dass drei Viertel der erwachsenen Bevölkerung davon betroffen sein könnten. Bei an sich schon etwas kränklichen Wartezimmer-Geschädigten drängt es den Leser (besser: die Leserin), genau diese Leidensgeschichte bei sich selbst festzustellen und den Arzt oder den nächsten Apotheker dazu zu konsultieren.

Vielleicht belagern aber auch so viele Frauen die Wartezimmer, weil sie schlicht sensibler reagieren auf die Signale ihres eigenen Körpers und sich durch Arztbesuche und Therapien vor einem körperlichen Verfall besser schützen als Männer. Ich persönlich habe allerdings die Erfahrung gemacht, wenn man Schmerzen im Knie, im Rücken oder Sodbrennen oder was auch immer einfach eine Zeit lang ignoriert, so verschwinden die meisten Zipperlein wieder von alleine. Eine nicht zu verleugnende Tatsache ist allerdings, dass Frauen mit ihrer Gesundheitsstrategie im Durchschnitt deutlich länger leben als Männer. Wir hinterlassen also einsame, alte Frauen.

Es gibt bestimmte Verhaltensweisen, die sich offensichtlich altersspezifisch entwickeln. Dazu gehört, dass man in der Lokalzeitung plötzlich die Todesanzeigen wahrnimmt und vor allem daraufhin untersucht, wann der Verblichene geboren war beziehungsweise wie alt er oder sie geworden ist. Dabei stellt man dann zunehmend fest, dass man eine Menge von Leuten schon überlebt hat. „Die Einschläge kommen näher", vermerkt ein guter Freund dazu nicht ohne Sarkasmus. Wenn man dann noch liest: „Nach einem langen Kampf wurde er von seinen Leiden erlöst", so ist klar, dass jemand ein Krebsleiden nicht überlebt hat. Und das trifft so manchen schon zwischen vierzig und fünfzig.

„Warst du schon?", ist eine häufig gestellte Frage in Runden von Männern fortgeschrittenen Alters. Meistens lautet die Antwort „Nein" und „Aber eigentlich müsste man mal!" Schnell ist man dann wieder bei der Fußball-Bundesliga oder dem Golf-Handicap. Bei dem offensichtlich gerne verdrängten Thema handelt es sich um die Krebsvorsorge, für Männer eine sehr sensible Angelegenheit. Mit meiner Abneigung gegen Arztbesuche bin ich also nicht allein. Die Empfehlungen von Ärzten und Krankenkassen für Vorsorgemaßnahmen bei Männern setzen mit fünfundvierzig Jahren an, aber kaum einer geht hin. Während sechzig Prozent der Frauen zur Krebsvorsorge gehen, ist es nur jeder vierte Mann.

„Eigentlich müsste man mal!" Ich nehme das schon ernst und gehe einmal im Jahr zum Gesundheitscheck, na ja, manchmal sind auch schon zwei Jahre vergangen. So das übliche Procedere, Blutabnahme, Gewichtskontrolle etc. Dann der Männer-Vorsorgecheck, unter Eingeweihten als Hafenrundfahrt bekannt. Natürlich macht das keinen Spaß, sich von einem Mann im Hintern herumprokeln zu lassen, aber wahrscheinlich macht es dem Arzt auch nicht unbedingt Vergnügen. Die Gewissheit, dass an einer für das männliche Selbstverständnis doch recht entscheidenden Stelle alles noch in Ordnung ist, ist andererseits doch ganz beruhigend.

Offensichtlich gehört es zur ärztlichen Standesmoral, dass sie bei einem solchen Check auch irgendetwas Auffälliges finden müssen, so einen leichten Bluthochdruck, falschen Cholesterinwert oder Mangel an bisher unbekannten Vitaminen. Ich gönne ihnen diese Erkenntnis und nehme auch hin, dafür eine meist beträchtliche Labor- und Diagnoserechnung zu bekommen. Ich nehme auch die Rezepte widerspruchslos mit, aber ich bringe sie nur in Ausnahmefällen zur Apotheke und wenn, dann nehme ich die Pillen höchstens ein paar Tage ein – mit gutem Grund. Hatte da mal so einen Hexenschuss und konnte mich tagelang nicht rühren. Hanna schickte mich zum Arzt, der mir ein Antirheumatikum verschrieb. Der Beipackzettel las sich schon wie das Szenario aus einer Folterwerkstatt. Zwar ließen die Rückenschmerzen bald nach, dafür bekam ich geschwollene Augen, ein Klingeln in den Ohren und musste mich nach jedem Glas Wein übergeben. Da verzichte ich doch lieber auf die Wundermittel der Pharmazie, trinke noch ein Gläschen mehr und halte mich ein paar Tage beim Treppensteigen mit zwei Händen fest.

Die Steigerung der Prostatavorsorge ist die Darmspiegelung, von den Krankenkassen ab fünfundfünfzig empfohlen und bezahlt. Mein Hausarzt meinte auch, ich sollte mal. „Großes Kino", raunte er mir mit einer gespielten Vertraulichkeit zu, die ich als völlig unpassend empfand. Um diese Diagnosemethode schienen sich Mythen zu ranken. Karl-Heinz, der schon ein paar Jahre mehr auf dem Buckel hat, erzählte von seinen Erlebnissen. Nur noch mit seinem kurzen Unterhemd bekleidet sei er von dem Gastroenterologen (der Name dieses Spezialisten wirkt für sich alleine schon abschreckend) mittels einer kleinen Spritze in die Träume geschickt worden. Als er nach der Untersuchung wieder aufgewacht sei, habe er vollständig angezogen im Wartezimmer gesessen. Und in der gesamten Praxis habe er nur zwei höchstens siebzehnjährige Arzthelferinnen gesehen, die ihn wohl in seiner geistigen Abwesenheit wieder angekleidet hätten. Das war ihm noch nachträglich deutlich erkennbar unangenehm.

Ich habe mir dann auch einen Termin geben lassen. Eigentlich bestand kein akuter Anlass dafür, aber in meinem Alter sollte man ja mal. Danach setzte sich so ein unangenehmes, bisher unbekanntes Gefühl im Kopf fest. „Was ist, wenn der bei dir plötzlich ein bösartiges Geschwür findet?" Ich verdrängte diesen Gedanken, aber er kam immer mal wieder zurück. Ich malte mir aus, wie ich in den nächsten Monaten immer schwächer würde – gezeichnet von einer Chemotherapie, was ich noch alles für meinen Nachlass regeln müsste oder wie meine Familie trauernd an meinem Grab steht. Zwar redete ich mir ein, dass noch niemand in meiner Familie jemals Darmkrebs gehabt hätte und ich mich außerdem putzmunter fühlte. Aber es ging nicht weg. Das ist es, glaube ich, was die meisten Männer davon abhält, sich untersuchen zu lassen. Es geht ihnen wie mir, sie haben schlicht Schiss davor. Was mich persönlich auszeichnet ist, dass ich es trotzdem gemacht habe.

Zuerst musste ich zu einer Vorbesprechung kommen. Der Arzt war in meinem Alter und wirkte ganz sympathisch. Ich flachste noch so rum, ich könne mir auch bessere Filme vorstellen, als anderen Leuten ständig in den Magen oder den Mastdarm zu schauen. Aber das kam nicht so gut an, hatte er wahrscheinlich schon zu oft gehört. Nach den Erfahrungen von Karl-Heinz erklärte ich ihm sofort, dass ich auf eine Narkose verzichten würde. Er war auch damit einverstanden und meinte, ich müsse es selbst wissen. Dann gab er mir ein Rezept für ein Pülverchen zur Darmentleerung. Wie gesagt, vor dem Termin habe ich ein paar Nächte unruhig geschlafen. Am Nachmittag vor der Höhlenwanderung musste ich dann innerhalb von vier Stunden vier Liter Wasser angereichert mit einem gelben Pülverchen trinken. Die erste Flasche schmeckte noch ganz angenehm, etwas vanillich. Nach etwa eineinhalb Stunden setzten dann die ersten mittleren Eruptionen ein. Der zweite Liter ging auch noch, der dritte wurde widerlich und den vierten habe ich zur Hälfte ins Waschbecken gekippt. Mittlerweile hatte sich auch ein barrierefreier Wildbach zwischen Kehlkopf und Schließmuskel gebildet, wobei der Muskel kaum noch schloss. Wie ich das letzte Wasser oben hineinkippte, so kam es nach kurzer Zeit unten wieder raus. Das war auch wohl der beabsichtigte Effekt.

Am nächsten Morgen wollte ich das alles schnell hinter mich bringen. Ich lag also auch dort auf der Pritsche und hatte nur mein kurzes Hemdchen an, aber ich bekam alles mit. Nein nicht alles, der Bildschirm war hinter meinem Rücken, das „große Kino" damit nur für meinen Arzt bestimmt. „Das ist doch was, so ein makelloser Männerdarm" schwärmte er mir vor. Damit war klar, dass meine

Sorgen und Ängste völlig überflüssig waren. War mir irgendwie auch schon vorher klar gewesen.

Ich bin dann in das nächste Café gegangen und habe mir das größte Frühstück bestellt, das sie hatten. Die Sonne schien, und es war ein herrlicher Tag. Bin dann noch ein wenig Bummeln gegangen und habe mir gegen zwölf ein Bier bestellt, ganz gegen meine Gewohnheit. Das Leben kann doch so schön sein. Man muss es sich nur hin und wieder mal klar machen.

Ich kann nur jedem Bedenkenträger raten, das mit der Vorsorge auch mal machen zu lassen. Es ist gar nicht so schlimm, und hinterher fühlt man sich echt gut drauf.

Spätfrühling

Es ist ein herrlicher Nachmittag in der zweiten Maihälfte. Gerade habe ich meine Steuererklärung fertig gestellt. Es wurde auch höchste Zeit. Eigentlich schiebe ich so eine unangenehme Tätigkeit nicht so gerne vor mir her. Zur Entspannung ist jetzt ein kleiner Lauf angesagt.

Mit dem Laufen habe ich erst begonnen, als viele andere schon mit dem aktiven Sport aufgehört haben, so mit Mitte vierzig. Sport ist für uns Männer hauptsächlich Spielen. In der Mitte des Lebens besteht Sport aus Revierkämpfen, den anderen im Spiel schlagen, am besten vernichtend schlagen, vielleicht auch mit kleinen Tricks, beim Fußball, Tennis, Tischtennis, zur Not auch beim Squash, aber da fehlen die bewundernden Blicke der anderen. Und danach darüber erzählen, in der Kneipe, zu Hause, obwohl sich dort eigentlich niemand dafür interessiert.

Zum Laufen kommen die meisten Männer erst später. Dann geht es weniger darum, anderen etwas zu beweisen, sondern nur noch sich selbst. Aber einfacher ist das auch nicht. Man kennt ja den Gegner genau, weiß, wo die eigenen Schwächen liegen. So kämpft man sich dann durch Volksläufe, bei denen Hunderte von Gesinnungsgenossen mit dem gleichen Anspruch antreten. Bis auf ein paar Versprengte beginnt das Teilnehmerfeld erst ab vierzig. Die Krönung des Ganzen ist dann der Marathonlauf, mindestens der in Berlin, am besten noch New York. Es gibt Altersgenossen, die einen solchen Trainingsaufwand betreiben, als wollten sie noch als Profi ihr Einkommen mit dem Laufen aufbessern. Manch einer überschätzt seine Kräfte auch dabei und kommt mit übertriebenem Ehrgeiz dem Herzinfarkt näher als ihm durch angemessene Belastung entgegenzuwirken. Ich habe schon beim Marathon solche „Powertypen" nach dreißig Kilometer auf allen Vieren über den Bürgersteig kriechen sehen, leichenblass, und der Powerdrink fiel ihnen aus dem Gesicht.

Wenn du diese Phase auch hinter dir hast, beginnt das Entspannungslaufen. Das geht am besten mit ein paar guten Freunden in einer Geschwindigkeit, bei der man sich noch problemlos unterhalten kann. In ein bis zwei Stunden kommt da manches gute Männergespräch zustande. Zwischendurch bei einer Steigung kommt dann schon noch mal kurz der Ehrgeiz durch, den anderen zu zeigen, was man noch so drauf hat. Aber mehr muss auch nicht sein.

Aber heute laufe ich alleine. Das ist hin und wieder eine gute Abwechslung, eine meditative Übung. Es gibt ja eine Theorie, die besagt, beim Laufen würde das Gehirn intensiv mit Blut versorgt und dadurch zu höherer Leistung angeregt. Ich bin fest davon überzeugt, dass es so ist. Die wichtigsten Entscheidungen der letzten zehn bis fünfzehn Jahre sind in mir beim Laufen gereift, und zwar beim Alleinlaufen.

Die ersten zwei, drei Kilometer fallen noch etwas schwer. Dann wird der Körper langsam warm, und die Gedanken beginnen, sich selbstständig zu machen. „Super Wetter heute". „Wie wäre es, wenn der nächste Kilometer mal unter fünf Minuten bliebe!" „Nicht schlecht, geht doch noch!" Die Gedanken kommen von ganz alleine. Der Körper ist auf Betriebstemperatur, und das Gehirn kommt auch in Form, ganz automatisch. Plötzlich, im Wald angekommen, sehe ich kaum noch was. Dafür nehme ich Gerüche wahr. „Ist das nicht Waldmeister?" Da springen die Gedanken in die Kindheit zurück: Grüner Wackelpeter roch immer so, oder die Bowle auf den Partys in den Siebzigern. Waldmeister ist der Geruch von Kindheit und Jugend. Links des Weges liegt ein großer Stapel Fichtenstämme, bereit für den Abtransport. Frisches Fichtenholz erinnert an IKEA oder an die ersten selbst gezimmerten Möbel damals in der Studentenbude in Köln. Heute kommt Fichtenholz in der Wohnung eigentlich nicht mehr vor.

Aus der Tiefe des Waldes weht mir plötzlich der Duft von Holunderblüten entgegen, die Büsche sind nicht zu sehen; der Geruch liegt nur ganz leicht in der Luft. Die Blüten des Holunders riechen völlig anders als die Frucht, viel leichter, wie ein frisches Sommerparfüm. Die nächsten zwei Kilometer verbringe ich mit Überlegungen, woran mich dieser zarte, aber doch eindringliche Duft erinnert. Dann habe ich es: Es ist die Feuchte einer reifen Frau.

Die letzten paar Kilometer fliege ich nach Hause, na ja abheben tue ich noch nicht. Aber die ehemalige Bestzeit ist auch nicht so fürchterlich weit weg. „Junge, du bist gut drauf zurzeit, da geht noch was!" Es ist ein herrlicher Tag im Spätfrühling, der Herbst ist noch weit, weit weg."

Sex im Alter

Es ist klar, dass dieses Thema hier nicht ausgelassen werden kann. Sex im Alter scheint im Augenblick eines der am brennendsten interessierenden Themen zu sein – Warum? Ich glaube nicht, dass es früher bei Menschen unseres Alters keinen Sex gab. Aber wenn es ihn gab, dann sprach man nicht darüber. Er fand heimlich unter der Bettdecke statt, vermutlich leise und verschämt, damit ihn die anderen Generationen in der Großfamilie nicht mitbekamen.

Wir sind nun die erste Generation der so genannten sexuellen Revolution. In unserer Jugend gab es erstmals die Pille, die lustvollen Sex zuließ, ohne dass man gleich an die möglichen Folgen denken musste. Zu dieser rein physiologischen Seite kam natürlich die Überwindung gesellschaftlicher Tabus. Wir waren vielleicht seit Jahrhunderten die ersten, die Sexualität in die Öffentlichkeit brachten. Das geschah auf vielfältige Art und Weise, am deutlichsten natürlich dadurch, dass wir die Schamgrenzen überwanden und es öffentlich taten oder zumindest halb öffentlich.

Ich erinnere mich noch an meine Studentenbude in Ehrenfeld. Bei geöffnetem Fenster konnte ich im Sommer die Lustschreie aus der gegenüberliegenden Wohnung häufig schon am Nachmittag hören. Die alten Leute regten sich darüber auf, vielleicht waren sie auch ein bisschen neidisch, und wir freuten uns mit dem Paar, das seinen Spaß ungehemmt auslebte. Wir propagierten die Nacktheit als natürliche Erscheinungsform; die Spießer machten daraus Pornografie. Wir waren die Erfinder des offenen vorehelichen oder außerehelichen Geschlechtsverkehrs, der eheähnlichen Lebensgemeinschaften ohne Trauschein und der wechselnden Partnerschaften. Einige propagierten auch den Gruppensex als Mittel der gesellschaftlichen

Auseinandersetzung; aber das wird in der Rückschau wohl eher ideologisch überhöht. Einen großen Teil dieser Errungenschaften haben wir den nachfolgenden Generationen übergeben, und ich möchte betonen, das ist auch gut so.

Nicht dass man glauben sollte, damit wären alle Probleme um die Sexualität gelöst. Nach wie vor gibt es Sex & Crime, Pornografie, Prostitution und andere Entartungen. Neuerdings soll die totale sexuelle Enthaltsamkeit auch wieder in Mode kommen. Also so ganz locker gehen Teile der Gesellschaft nun auch wieder nicht mit der Sexualität um.

Was die Lust am Sex angeht, waren Hanna und ich nie Kinder von Traurigkeit. Als wir uns kennenlernten, hatten wir beide schon einschlägige Erfahrungen auf diesem Gebiet. Für eine stabile und beständige Beziehung scheint mir das eine wesentliche Voraussetzung zu sein. Ich kenne da Leute unseres Alters, die tatsächlich mit ihrem ersten Sexualpartner eine Ehe eingegangen sind. Zehn oder zwanzig Jahre hatte man bei denen das Gefühl, sie wären die idealen Ehepaare. Und dann schlägt plötzlich der Hammer zu und einer der beiden gerät in Torschlusspanik, glaubt, ganz wesentliche Lebenserfahrungen verpasst zu haben und stürzt sich in sexuelle Abenteuer. Bei Paaren, wo die Beteiligten ihr ganzes Leben so stark aufeinander fixiert waren, führt das geradezu in die Beziehungskatastrophe, das heißt in die Trennung. Weil sie aber nie erfahren haben, wie es lockerer zugehen könnte, landen sie entweder in der beziehungslosen Einsamkeit oder ziemlich schnell in einer neuen Beziehung, die der alten weitgehend ähnelt. Dann also gilt: Viel Lärm um nichts. Der neue Partner oder die neue Partnerin ist dann dem oder der alten häufig wie aus dem Gesicht geschnitten.

Wie gesagt, in unserer Beziehung war das anders. Wir hatten immer viel Spaß miteinander. Im Prinzip waren wir uns dabei auch immer treu, zumindest im Herzen. Dass es zu einigen außerehelichen

Körperkontakten kam, vermutlich bei beiden, ändert daran nichts. Bei meiner zeitweilig intensiven Reisetätigkeit ergab es sich schon mal, dass ich einer einsamen Pharmareferentin oder heißhungrigen Bankerin begegnete, bei der es mir schwerfiel, mich zu verweigern. Aber das waren nur Turnübungen, die ich häufig schon am nächsten Morgen bereute. An meiner Liebe zu meiner Frau hat das nichts geändert, im Gegenteil, es hat sie nur noch bestärkt.

Hanna hat zeitweise mit ihrer besten Freundin im Sommer Studienreisen nach Spanien oder Italien unternommen. Danach kam sie mir auch manchmal etwas verändert vor, irgendwie kuscheliger, auch wie von einem schlechten Gewissen bedrückt. Vermutlich hat da auch ein Massimo oder José seine Mandoline ausgepackt. Wir haben nie darüber gesprochen. So ein paar kleine Geheimnisse sollte man schon noch für sich bewahren.

Apropos darüber sprechen. Wie ich schon festgestellt habe, ist noch nie so viel über Sex gesprochen worden wie in den letzten dreißig Jahren. Stimmt vielleicht nicht ganz; im französischen Adel soll im Barockzeitalter auch ganz schön die Post abgegangen sein. Aber dabei handelte es sich nur um einen kleinen Ausschnitt der Gesellschaft. Die heutige offene Sex-Kommunikation scheint sich allerdings weitgehend auf die Öffentlichkeit zu beschränken, Sex in der Zeitung, im Fernsehen, im Internet, in der universitären Forschung usw. Aber selbst unter besten Freunden spricht man selten über die eigenen Erfahrungen und Probleme mit der körperlichen Lust und Liebe. Das wird höchstens mal in etwas schlüpfrige Witze verpackt.

Und wie ist es in der Partnerschaft? Da herrscht meistens auch eher die nonverbale Kommunikation vor. In den ersten Jahren der Beziehung hat man das Terrain der Vorlieben und Tabus mit- und gegeneinander abgesteckt, mit Taten und vielleicht auch mit Worten. Wenn es beide auf dem Küchentisch vor dem Frühstück aufregend finden, macht man es so, solange es die Gelenke zulassen. Wenn einer von beiden diese Übung ablehnt, ist das damit in der Regel ein für alle Mal vom Tisch, hier im doppelten Sinne. Wenn ein Partner mal etwas Neues, Aufregendes ausprobieren möchte, so sucht er oder sie das dann eher außerhalb der Partnerschaft, bevor eine interne Anfrage gestartet wird. Nähe und Vertrautheit schaffen offensichtlich auch Grenzen.

So sind wir nun als alterndes Ehepaar gemeinsam in die Jahre gekommen. Ich habe Nora mal gefragt, ob sie sich vorstellen könne, dass ihre Eltern Sex miteinander haben. Sie hat nur kurz nachgedacht. „Ich habe mir darüber noch nie Gedanken gemacht, aber ich fände es schon komisch, wenn es nicht so wäre", war ihre Antwort. Genau so ist es auch. Ich fände es auch seltsam. Sexualität ist wichtiger Bestandteil unserer Existenz, und das bezieht sich so ab fünfzehn bis zwanzig auf das gesamte weitere Leben. Neulich hab' ich im Fernsehen eine Sendung gesehen, in der sich junge Paare outeten, die freiwillig auf Sex verzichteten. Ich konnte die Motive dazu nicht verstehen, fand das irgendwie krank. Denen entgeht doch etwas ganz Wesentliches.

In einem Biergarten hörte ich vor ein paar Wochen unfreiwillig einem Gespräch am Nebentisch zu. Da saß ganz offensichtlich eine Truppe von Soziologen, die nach neuen wissenschaftlichen Betätigungsfeldern suchte. Soziologen haben das Problem, dass sie Dingen auf den Grund gehen wollen, die eh schon bekannt sind oder die niemanden interessieren. Damit werden ihnen bei knappen öffentlichen Kassen die Forschungsmittel und die Uni-Stellen zusammengestrichen. Aus reiner Selbsterhaltung muss man dann nach Themen suchen, die noch nicht erforscht sind und deren Erkenntnisse man der Öffentlichkeit als ungeheuer wichtig andienen kann. Und nach wie vor gilt: „Sex sells." Das hatte die Truppe am Nebentisch sich auch auf die Fahnen geschrieben und diskutierte heftig aber auch einvernehmlich, dass das Forschungsthema der näheren Zukunft der Alterssex sei.

Sicherlich lässt sich da was erforschen. Wie viele machen es in einem bestimmten Alter überhaupt, wie oft, wie lange, mit wem, in welcher Stellung, wo, warum? Machen es ältere Chinesen anders als ältere Deutsche oder Amazonasindianer? Welche Folgen hat es für den Körper, die Seele, die Lebenserwartung, wenn man es täglich treibt oder überhaupt nicht? – Fragen über Fragen, zu denen man auch ohne tief greifende Forschungen feststellen kann, dass es bei einer großen Zahl von Menschen gerade in diesem Bereich auch immer ganz unterschiedliche Antworten gibt. Es gibt Zwanzigjährige, die schnellen Sex im Rathaus-Fahrstuhl unheimlich aufregend finden, vielleicht gibt es das unter Sechzigjährigen auch noch – aber sicher nicht bei allen mit zwanzig und auch nicht mit sechzig. Solche Forschungsberichte sind also sicher von zweifelhaftem Wert. Was bleibt ist, dass man in sich selbst hineinhorchen kann oder dass man Menschen zuhört, die was wirklich Bedeutendes zu einem Thema zu sagen haben.

Ein bedeutender Mensch zu Fragen der Sexualität ist für mich Oswalt Kolle. Mit seinen Filmen und Publikationen hat er in unserer Jugend wesentlich zur sexuellen Aufklärung in der Gesellschaft beigetragen. Dass wir in Deutschland heute vergleichsweise offen und locker mit unseren körperlichen Trieben umgehen, dafür sollten wir ihm dankbar sein. Mittlerweile ist er ein vitaler alter Herr mit über achtzig, der immer noch über Sexualität spricht und sie ganz offensichtlich auch praktiziert. Neulich sagte er in einem Interview darüber, dass ihm der Geschlechtsverkehr nach wie vor noch Spaß mache. „Use it or lose it", so seine Botschaft an die Älteren. Wer Sex nicht mehr praktiziert, verliert ihn aus dem Kopf. Dann setzt eine Abwärts-Spirale ein, an deren Ende das geschlechtslose Altern steht.

„Der Sex wird im Alter besser", so dagegen seine optimistische Aussicht für die aktiv Gebliebenen. In der Jugend habe er es getrieben wie ein Kaninchen, häufig und kurz, etwas hektisch und immer auf Leistung bedacht. Jetzt dagegen sei es ein schönes Spiel, bei dem die Gefühle nach Nähe und Zärtlichkeit ausgelebt würden, entspannt und ohne Leistungsdruck. Neben der Lustbefriedigung sieht er den reifen Sex auch als Jungbrunnen, als Therapie gegen vielfältige Begleiterscheinungen des Alterns wie Herzinfarkt, Altersdepression oder welke Haut. Hin und wieder ein Orgasmus soll auch vorbeugend gegen Inkontinenz gut sein. Kolle ist der lebende Beweis für seine Thesen.

Mit fünfundzwanzig habe ich abends schon mal zehn bis fünfzehn Bier in mich hineingekippt, heute reicht mir der Genuss von zwei Gläsern eines guten Rotweins. So ähnlich verhält es sich auch mit dem Sex. Statt kurzer sportlicher Sprints bis an die Leistungsgrenze erfreue ich mich lieber an einem langen gemeinsamen Waldspaziergang. Der geschlechtliche Umgang miteinander ist souveräner geworden, mehr auf seinen Verlauf bezogen, nicht so sehr auf das Ergebnis. Es ist nicht mehr diese Mischung aus hektischer Zärtlichkeit und Gewalt, die den jugendlichen Geschlechtstrieb ausmacht. Trotz oder vielleicht auch wegen der langen Gemeinsamkeit und der damit verbundenen Vertrautheit haben wir Spaß an der Sache, ja vielleicht sogar zunehmenden Spaß. Die Erregung kommt langsamer, aber sie bleibt auch länger. Ein Orgasmus ist schön, aber auch nicht zwingend. Wichtiger ist die Nähe, warme Haut, vertrauter Geruch, Streicheln und Kuscheln. Ich kann mir auch nicht vorstellen, dass sich das so schnell ändern könnte.

Mediziner erklären, das größte Hindernis beim Sex im Alter sei die Krankheit eines Partners. Da die Gesundheit aber wiederum von der gelebten Sexualität nicht unmaßgeblich beeinflusst wird, sollten wir es möglichst häufig und lustvoll treiben, damit wir auch noch mindestens die nächsten zwanzig Jahre dazu in der Lage sein werden. Das scheint mir eine sehr schöne Aussicht zu sein.

Und was ist, wenn es mal nicht mehr so klappen sollte. Ein amerikanischer Pharmakonzern erklärt uns ständig ungewollt, wir Männer würden alle unter erektiler Dysfunktion leiden, wir hätten also das Hängen im Karton. Nun kann ich das an mir glücklicherweise noch nicht feststellen, und ich will es mir von geschäftstüchtigen Apothekern auch nicht einreden lassen. Meinen Freunden, mit denen ich mal ein Männergespräch führe, geht es nicht anders. Also sollte man schon noch an sich selbst glauben. Die Erfahrungen haben gezeigt, dass ein Hänger schon mal vorkommt, auch schon in jüngeren Jahren, aber dann klappt es auch wieder – nur keine Panik. Ein Freund bemerkte dazu neulich: „Wenn der Hase tot ist, kann der Stall offen bleiben." Sollte der Hase wirklich scheintot sein, so würde ich mich aber auch nicht scheuen, mit Hilfe von kleinen Pharma-Helfern Wiederbelebungsversuche vorzunehmen.

Böhmer on Tour

Die Deutschen gelten als die unangefochtenen Reise-Weltmeister, und wir Böhmers haben sicherlich einen nicht unwesentlichen Teil zu diesem nationalen Image beigetragen. Nach meinem einjährigen Selbsterfahrungstrip durch den vorderen und mittleren Osten in den Siebzigern hat mich das Reisefieber im Prinzip nie wieder losgelassen.

Wie sich später herausstellte, war es auch meine vermeintliche Weltgewandtheit, mit der ich Hanna bei unserem Kennenlernen zuerst beeindruckt habe. Das war schon eine ganz gute Entwicklung für ein Kerlchen aus der niedersächsischen Pampa. So war es auch nicht schwierig, meine Frau für das Erkunden der Welt zu begeistern.

Reisen in fremde Länder bedeuteten nach unserer damaligen Lebenseinstellung, das Abenteuer zu suchen und über fremde Länder und Kulturen auch zu uns selbst zu finden. Das habe ich allerdings erst viel später begriffen. Dazu gehörte, die Grenzen dessen auszutesten, was geht und was nicht. Angst, dass uns etwas passieren könnte, haben wir dabei eigentlich nie empfunden. Doch, einmal vielleicht, als wir in einem Flugzeug der Aero Peru über dem Amazonas-Urwald kreisten und ein Triebwerk in Brand geriet.

Wesentlicher Bestandteil dieser Erfahrungen war es, mit möglichst niedrigem Budget zu reisen und sich darüber irgendwie mit den armen Leuten dort zu solidarisieren. Das war jedenfalls unsere Philosophie. So reisten wir durch Nordafrika, Süd- und Mittelamerika und große Teile Asiens immer mit dem Rucksack, wohnten in dreckigen Löchern für ein paar Pfennige und fuhren in der billigsten Klasse der Eisenbahn gemeinsam mit Menschen, Tieren und Insekten, die den

Hautkontakt suchten. Im Bus über die peruanischen Anden hatte ich mal das Gefühl, dass es sich wie ein Lauffeuer unter südamerikanischen Flöhen verbreitete: „Da ist ein Gringo angekommen, der hat ein ganz besonders leckeres Blut." – Inka-Flöhe sind die Hölle!

Über so genannte Touristen, also reisende Mittelstandsbürger, die in gehobenen Touri-Hotels abstiegen und einen Samsonite-Koffer dabeihatten, konnten wir nur verächtlich die Nase rümpfen.

Nachdem wir Hauseigentümer geworden waren, stellte sich ständig die Alternative, z.B. das knappe Geld für eine neue Dachrinne auszugeben oder für ein paar Flugtickets nach Timbuktu. Meistens wurde die geordnete Dachentwässerung auf die Warteliste gesetzt. Auch als Nora geboren war, ließen wir uns zunächst von der Welteroberung nicht abbringen, zum größten Schrecken unserer Eltern und Schwiegereltern. Unser Töchterchen hatte auf diese Weise das von ihr allerdings nicht bewusst wahrgenommene Vergnügen, im bunt gewebten Tragetuch von ihrem Vater auf dem Inka-Trail von Cuzco nach Machu Picchu befördert zu werden, zu Fuß und einige hundert Meter über den steil abfallenden Hängen des Rio Urubamba. Heute würde man sagen, dass das mehr als leichtsinnig und eigentlich unverantwortlich war. Aber andererseits hat es niemandem von uns geschadet.

Die europäischen Ziele bereisten wir zwischendurch immer mal wieder mit dem VW-Bulli. Dabei ging es hauptsächlich an die französische Atlantik-Küste. Ich glaube, zwischen Brest und Biarritz sind wir schon in jedem noch so kleinen Nest gewesen. In der Nähe von Arcachon gab es einen riesigen Campingplatz, auf dem traf sich jeden Sommer die gesamte deutsche und europäische Alternativszene. Einige der damaligen Mittrinker billigen Rotweins aus großen Plastikkanistern sind später zu europäischen Spitzenpolitikern aufgestiegen.

Als Fabius dazukam, wurden die Reisen zu anderen Kontinenten doch zu anstrengend. Neben dem Wohnbus wurde das angemietete Ferienhaus der bevorzugte Aufenthaltsort im Urlaub. Die Ziele erstreckten sich dabei über ganz Europa. Wir verreisten fast immer mit mehreren Familien und einer größeren Schar von gleichaltrigen Kindern. Eine Zeit lang lag Dänemark im Trend. Es war sehr schön dort, vor allem für die Bedürfnisse unserer Kleinen. Den Nachteil des vergleichbar teueren Alkohols umgingen wir dadurch, dass Pamperskartons voll mit Wein und Hochprozentigem über die Grenze geschmuggelt wurden. Meistens waren die Rationen aber schon nach einer Woche aufgebraucht, und anschließend gab es dänisches Dünnbier. Später entdeckten wir Italien; da gab es besseres Wetter und keine Probleme mit dem Essen und Trinken.

So beschränkte sich unser Reiseradius auf Europa, bis unsere Kinder flügge wurden. Da sie ja von klein auf an mit dem Reisen, fremden Menschen und Kulturen vertraut waren, machten sie sich so mit sechzehn, siebzehn alleine auf die Socken. Nora ist mit dem Reisevirus besonders infiziert. In der Oberstufe ist sie das erste Mal im Rahmen eines Schulprojektes für sechs Wochen alleine in Ekuador gewesen. Jetzt ist sie mindestens einmal im Jahr in fremden Erdteilen unterwegs. Fabius ist da pragmatischer, im Sommer geht es an den Gardasee zum Surfen und im Winter in die Alpen zum Snowboarden.

Wir verreisen jetzt wieder ohne Kinder. Das war zunächst etwas ungewohnt. Der zu Hause gebliebene Nachwuchs fragte alle paar Tage telefonisch an, wie es uns ginge und umgekehrt rief Hanna zurück, weil sie befürchtete, die beiden könnten bei schon vorher angedrohten Extrem-Partys die Möbel auf die Straße stellen. Nach der Rückkehr sah es meistens aber tipptopp-sauber aus, nur die Nachbarn deuteten an, dass es ein paar Nächte lang schon „etwas lauter" gewesen sei.

Wir reisten jetzt häufig alleine zu zweit. Das lag unter anderem daran, dass die Freunde mit zunehmendem Alter doch zum Teil etwas lahmer wurden. Und zum Kurlaub nach Abano Terme oder Bad Wörishofen mit Fango und Tautreten fühle ich mich noch nicht bereit. Hanna meint zwar schon mal, dass uns das auch ganz gut täte, aber das kommt mir nicht in die Tüte.

Als wir das erste Mal wieder drei Wochen alleine durch Süditalien tourten, hatten wir beide doch leichte Befürchtungen, dass das nicht gut gehen könne. Hatten wir uns noch genug zu sagen, wenn wir ununterbrochen aufeinanderhockten oder würden wir uns auf den Geist gehen und nur noch streiten? – War aber alles kein Problem. Das Entdecken einer Stadt oder Landschaft bietet genug Stoff für gemeinsame Erlebnisse. Außerdem gelingt es uns meistens, durch gezielte, manchmal auch unbeabsichtigte Inszenierungen den Erlebnischarakter unserer Reise anzureichern. Beispiele: Mit dem Powerboot ohne Bootsführerschein um Capri, und auf der Westseite säuft der Motor ab. Kauf einer Ganesha-Statue (das ist der hinduistische Elefantengott) aus einer Tonne Granit in Südindien und Organisation des Transportes bis in den heimischen Garten – oder eine Nacht in einem südmarokkanischen Hospital nach dem Genuss von Hammelinnereien in einem Beduinenzelt. So etwas mag zwar im Einzelfall durchaus anstrengend und nervenraubend sein, aber andererseits kann man doch lange vom Besonderen der damit verbundenen Begegnungen zehren.

So haben wir noch jede Menge Pläne für die Zukunft. Dazu gehört die eine oder andere Revival-Tour; das bedeutet, wir reisen dorthin, wo wir schon einmal vor mehr als fünfundzwanzig Jahren gewesen sind. Das ist spannend, weil man vieles wiederentdeckt und sich manches verändert hat. Das Gedächtnis arbeitet noch ganz gut. Die Art des Reisens ist dabei natürlich eine andere geworden und die Begründung dafür auch. Damals hätten wir es geradezu als Beleidigung empfunden, wenn uns jemand als Touristen bezeichnet hätte.

Um diesen Eindruck zu vermeiden, schliefen wir in verflohten Bruchbuden, aßen undefinierbares Zeug in obskuren Garküchen auf der Straße und fuhren zwanzig Stunden auf der Ladefläche eines maroden Lasters zusammen mit einer Herde blökender Schafe. Und alles das nur, um so zu tun, als würden wir genauso leben können wie die armen Einheimischen. Freilich haben wir uns so auch oft billig durchgeschnorrt und hatten immer ein Rückflugticket und genügend Travellerchecks im Brustbeutel.

Heute dagegen ziehen wir auf Vier-Sterne-Niveau durch die Lande, gönnen uns auch mal ein Auto mit Fahrer oder einen einheimischen Reiseführer. Wir reisen eigentlich immer alleine oder mit ein paar Freunden; an Gruppenreisen oder Pauschaltourismus werde ich mich wohl in diesem Leben nicht mehr gewöhnen.

Da stehen wir andächtig in der Grabkammer des Tutanchamun im Tal der Könige, überwältigt vom Anblick jahrtausendealter Kultur. Plötzlich kommt eine Gruppe Deutscher herein. Ein sächselnder Motzknochen hat nichts Besseres im Sinne, als vermutlich zum wiederholten Male sein Missfallen über die unzumutbaren Kloschüsseln auf seinem Nildampfer unter die Gruppe zu streuen. Und ein grauhaariger Schwabe in karierten Shorts und Sandalen mit Tennissocken (Typ pensionierter Studiendirektor) kämpft mit dem ägyptischen Reiseführer um die Wissenshoheit über altägyptische Pharaonen-Stammbäume. Der Rest der Gruppe schweigt spannungsgeladen. Wir können uns glücklicherweise schnell aus dem Staube machen. Ich bekäme vermutlich ziemlich schnell Magengeschwüre, wenn ich mit einer solchen Gruppe meinen gesamten Urlaub erleiden müsste.

Mittlerweile können wir individuelles Reisen in armen Ländern auf gehobenem Niveau auch gut begründen und rechtfertigen. So schaffen wir mit der Inanspruchnahme von Dienstleistungen jede Menge an Arbeitsplätzen und tragen damit zu einem Wohlstandstransfer bei. Wir meiden nach Möglichkeit die internationalen Hotelketten und versuchen – politisch korrekt – möglichst viel unserer Reiseausgaben direkt in die Hände unserer Gastgeber zu lenken. Hanna unterstützt diverse Entwicklungsmaßnahmen an Schulen und Graswurzelprojekten.

Bleibt da nur noch die Sache mit dem Fliegen. Wie die meisten Alt-Ökos befinden wir uns da in einem inneren Spagat. Dass das Fliegen klimaschädlich ist und deshalb nach Möglichkeit unterbleiben sollte, bedarf eigentlich keiner weiteren Diskussion. Es dennoch zu tun, lässt sich vor sich selbst, ich gebe es zu, nur mit einigen Winkelzügen halbwegs rechtfertigen. Es gibt dazu ein paar spieltheoretische Ansätze. Das läuft im Wesentlichen darauf hinaus, dass es letztlich niemandem nützt, wenn gerade ich auf das Fliegen verzichte und alle anderen weitermachen. Der Einzige, der dann Nachteile hat, bin ich, weil ich freiwillig zu Hause bleibe. Man kann auch noch einen freiwilligen CO_2-Zuschlag auf das Flugticket drauflegen, der dann an ein Klimaschutzprojekt überwiesen wird, das damit irgendwo ein paar Bäume pflanzt. Das ist allerdings genauso absurd, als würde man gegen das Ansteigen des Meeresspiegels das Trinken von drei Liter Wasser pro Tag verordnen. Wir reisen also weiter mit großem Vergnügen, aber auch einem notdürftig verdrängten schlechten Gewissen.

Das mit dem Gewissen bezieht sich auch noch auf andere Bewusstseinsbereiche. Da geht es mir ähnlich wie vielen meiner Altersgenossen, die mit einem gewissen intellektuellen Anspruch durchs Leben gehen. Wir möchten im Ausland möglichst nicht als Deutsche erkannt werden. Auch gehen wir anderen Deutschen eher aus dem Weg, insbesondere solchen Landsleuten, die durch ihre Optik oder ihr Auftreten als solche unzweifelhaft identifizierbar sind. Ich schäme mich dann ein wenig für das deutsche Prollen. Engländern oder Amerikanern geht das offensichtlich nicht so, obwohl die bei einem großen Teil ihrer Landsleute sicherlich genauso peinlich berührt sein könnten.

Da fehlt es uns Deutschen am Selbstbewusstsein, jedenfalls unserer Generation. Das Aufwachsen in den fünfziger Jahren hat uns geprägt, vielleicht auch latent traumatisiert. Da hilft auch die Gnade der späten Geburt nicht. Das Schweigen der Eltern und Lehrer über ihre Kriegserlebnisse, die Erklärungsversuche, man habe von all den Gräueltaten ja nichts gewusst, nicht einmal geahnt, das Ausklammern der Nazizeit im Geschichtsunterricht, das kleinstädtische Getuschel über den Nachbarn mit seiner SS-Vergangenheit, für all das glauben wir wohl als Nachfolgegeneration die Verantwortung übernehmen zu müssen. Da das aber nur schwierig in praktisches Handeln umzusetzen ist, ducken wir uns unter dieser selbst auferlegten Last.

Ich habe da im Laufe der Zeit meine eigene Strategie der Vergangenheitsbewältigung entwickelt. Die besteht im Wesentlichen darin, im Ausland möglichst nicht als Deutscher aufzufallen. Das bezieht sich auf die Kleidung, das Verhalten, die Sprache. So beherrsche ich mittlerweile an die fünf oder sechs Sprachen auf einem Niveau, dass ich normale Alltagssituationen damit bewältigen kann, sogar Niederländisch. Natürlich ist mir klar, dass der italienische Kellner mindestens auf den zweiten Blick – vermutlich schon auf den ersten – den Deutschen in mir erkennt. Da ergibt sich dann häufig ein solcher Dialog: „Scusi, che cosa c´ è di buono oggi, puo raccomandare un pesce, forse un salmone?" Er darauf: „Heute lieber nix Fisch, isse nich frisch. Lieber nehmen bistecca fiorentina, isse lecker." Und weiter: „Ich schaffe fünf Jahre bei Daimler, Stoccardo isse schöne Stadt." Aber auch so kommt man sich näher.

Unsere Kinder haben diese etwas unterwürfige Art unserer Generation nicht mehr; die gehen viel selbstbewusster ins Ausland. Die Begegnungen sind da deutlich lockerer, es gibt scheinbar nicht mehr die Vorbehalte, die noch die Holländer oder Franzosen unserer Generation hatten. Da trägt die Idee der europäischen Integration erkennbare Früchte. Dass das deutsche Nationalbewusstsein wieder erwacht, sehe ich mit gemischten Gefühlen. Das deutsche Sommermärchen zur Fußball-Weltmeisterschaft, wo die ganze Welt auf meist hübsche und fröhliche Deutsche mit schwarz-rot-goldener Schminke im Gesicht geschaut hat, hat sicherlich dazu beigetragen, unser Ansehen in der Welt zu verbessern. Aber einen Fahnenmast mit einer deutschen Flagge wird es in unserem Garten sicherlich niemals geben.

Auch werde ich mich nicht an der deutschen Neokolonialisierung Europas beteiligen, d.h. ein Ferienhaus im südlichsten Bundesland (Mallorca) kaufen oder in der Toskana, Masuren oder am Iisselmeer. Erstens reicht es mir schon, Eigentümer und Zustandsverwalter nur eines Hauses zu sein und zweitens möchte ich nicht der Gefahr unterliegen, ständig an die gleiche Stelle reisen zu müssen. Außerdem kann man dort auch nicht richtig zu Hause sein.

Ich gehe mal davon aus, dass das mit dem Reisen noch zwanzig Jahre so weitergehen kann, so zwei- bis dreimal im Jahr. Da habe ich auch überhaupt kein Problem, neue Reiseziele zu finden. Was nicht passieren wird, ist eine Reise auf einem Kreuzfahrtschiff, eine nach Island (Hanna friert immer so leicht) oder zum Mond, selbst wenn es in diesem Zeitraum noch möglich wäre. Übrigens waren wir noch nie in der Mongolei – vielleicht sollte ich mich damit mal näher beschäftigen für das nächste Jahr.

Im Rücken

Wir hatten Hans und Karin zum Essen eingeladen, so auf halb acht. Sie kamen gegen acht. An der Tür merkte ich schon, dass etwas nicht stimmte. Hans hatte einen etwas unnatürlichen Gang. Beine und Oberkörper wirkten unkoordiniert, gleichzeitig schien er über den Boden zu schweben. Karin war einen halben Schritt hinter ihm und versuchte, ihn am Arm zu stützen, was aber eher misslang. Mit leidenden Augen begrüßte er mich: „Wenn ich mich nicht schon lange auf diesen Abend so gefreut hätte, wäre ich auf dem Sofa liegen geblieben. Ich hab's mal wieder im Rücken." Eigentlich war der Abend dann noch ganz nett, bis auf die Tatsache, dass Hans am Esstisch nicht saß, sondern während der ganzen Zeit mehr oder weniger stand, nur leicht am Hintern durch einen Barhocker abgestützt. Das störte dann doch irgendwie die Gemütlichkeit. Ansonsten führte der Rotwein im Laufe des Abends dazu, dass der Schmerz zumindest vorübergehend verschwand.

Rückenleiden scheinen die häufigste Zivilisationskrankheit zu sein. Ich kenne kaum jemanden in unserem Alter, der nicht ab und an davon befallen wird. Das gilt für Männer wie Frauen. Unterschiede bei den Geschlechtern bestehen weitgehend in der Ausformung der Krankheit, wenn man denn von einer sprechen kann. Bei Frauen heißt das dann Arthrose, Osteoporose, Ischialgie oder Morbus Scheuermann. Bei Männern dagegen gibt es meistens Hexenschuss oder einfach „im Rücken". Nur von Bandscheibenvorfällen werden Frauen und Männer gleichermaßen befallen. Die davon Betroffenen sprechen diese Hiobsbotschaft dann mit einer gewissen Mischung aus Stolz und Resignation aus. „Ja, ich hatte einen Bandscheibenvorfall." Das scheint die Oberliga der Rückenleiden zu sein.

Worauf das kollektive Rückenleiden zurückzuführen ist, darüber gibt es mal wieder viele Theorien. Nach herrschender Auffassung scheint es zumindest eine regionale Erscheinung zu sein. Rückenschmerzen kommen überwiegend in den westlichen Industrienationen vor. Das Heer osteuropäischer Spargelstecher macht es uns jedes Jahr auf heimischen Feldern wieder vor. Sie können mit ihrer offensichtlich stabileren Physis Arbeiten verrichten, zu denen deutsche Rücken nicht mehr in der Lage sind.

Eine der gängigen Meinungen zu den degenerierten Rücken vermerkt, dass wir für das ständig gestiegene Lebensalter nicht konstruiert sind. Der Steinzeitmensch war so mit dreißig bis vierzig Jahren an sein Ende gekommen. Für eine solche Haltbarkeitsdauer ist unser Skelett nach dieser Hypothese konstruiert, nicht für die doppelte Zeit oder länger. Man könnte sagen, die Software hat sich in den letzten drei- bis sechstausend Jahren ständig weiterentwickelt, aber die Hardware ist auf dem Stand der Keulenschwinger stehen geblieben.

Eine andere Theorie setzt ebenfalls in unserer frühen Entwicklungsgeschichte an. Danach sind wir von der Natur als Savannenläufer konstruiert, die bei entsprechendem Training bis ins hohe Alter mit aufrechtem Gang große Distanzen überwinden können. Die afrikanischen Marathonläufer aus Kenia und Äthiopien zeigen uns heute noch auf eindrucksvolle Weise, wie das funktionieren könnte. Nun sind wir die erste Generation der Menschheit, die sich zu einem beträchtlichen Anteil vom Hand- zum Kopfarbeiter und damit zum Sesselhocker gewandelt hat. Für langes Sitzen ist aber unsere Wirbelsäule angeblich nicht vorgesehen. Die Krankenkassen haben vor einigen Jahren ganze Güterzugladungen voll mit großen Sitzbällen an Bürositzer verschenkt, weil sie glaubten, den Sitzschäden damit beizukommen, so nach dem Motto: Vom Läufer zum Hüpfkänguru. Da es aber als extrem bescheuert empfunden wurde, auf solch einem

Hüpfball zu sitzen, verschwanden die Teile bald wieder. Außerdem führten sie zu weiteren Arbeitsunfällen, weil eilige Angestellte über die herumkullernden Bälle häufig stolperten und hinfielen.

Woran auch immer es liegen mag, Tatsache ist, dass so etwa ab dem vierzigsten Lebensjahr zuerst nur spontan und vorübergehend, später dann teilweise dauernd und chronisch der Rückenschmerz zum Bestandteil unseres Lebens wird. Insofern hat der bekannte Kalauer schon seine Berechtigung: „Sei vorsichtig, wenn du morgens aufwachst und dir tut nichts weh. Wahrscheinlich bist du dann tot."

Nun sagt die allgemeine Erklärung über die Zunahme der Rückenleiden nichts aus über die Ursache des individuellen Defekts. Deshalb hat sich mit der Ausbreitung von „im Rücken" ein neuer Wirtschaftszweig entwickelt, der sich mit der Diagnose und Therapie von Rückenschmerzen beschäftigt. Neben der Branche der Gewichtsreduzierer ist das wohl einer der Wirtschaftsbereiche mit den höchsten Wachstumsraten. Dazu scheint sie auch noch höchst profitabel zu arbeiten.

An der Spitze der Diagnostiker steht der Orthopäde. Eine Fachpraxis für Orthopädie besitzt wohl die Lizenz zum Gelddrucken. Trotz Vorlaufzeiten von mehreren Wochen sitzt man stundenlang in überfüllten Wartezimmern in einer Schar von Mitleidenden. Dann Kurzbesprechung beim Gottvater, der sofort eine Spontandiagnose abgibt. Und ab geht es durch den Apparatepark: Röntgen, Blutuntersuchung, bei Privatpatienten auch gerne Computertomografie. Nach einer weiteren Stunde erhält man dann in der Regel eine schlüssige Erklärung für das eigene Leiden. Diese führt dann gleich zu der praxiseigenen Therapie.

Je nach Versicherungsstatus des Leidenden und Ausstattung des Orthopäden mit rückentherapeutischen Apparaturen wird man dann nacheinander durch die vorhandenen einzelnen Behandlungen geschleust. Privatpatienten genießen dabei das Privileg, wenn nicht allen dann doch den besonders aufwendigen Verfahren ausgesetzt zu werden – ein höchst fragwürdiges Vergnügen.

Mit etwas Glück verringert sich dabei das Leiden, mit Pech passiert auch das Gegenteil. Mir verpasste ein solcher Spezialist dabei in Folge sechs Ultraschallbestrahlungen, sechs Unterwassermassagen und sechs Strombehandlungen. Bei den Elektroschocks bekam ich nach jeder Sitzung zittrige Knie und derartig heftige Schmerzen an diversen Körperteilen, dass ich die weitere Therapie einseitig abbrach. Dabei hatte der gute Arzt noch zwei weitere Therapieräume, durch die ich mit Sicherheit auch gegangen wäre. Zu allem Überfluss wurde die Rechnung dafür nicht von der Krankenkasse ersetzt, und ich musste die Tortur auch noch zusätzlich selbst bezahlen.

Aus den letzten Ausführungen lässt sich schon – nicht ganz zu Unrecht – schließen, dass ich nicht unbedingt gut auf Orthopäden zu sprechen bin. Nach unbestrittenen Medizin-Statistiken sind neunzig Prozent aller Rückenleiden unspezifisch; das bedeutet, man kann zwar lange und mit Hilfe der Apparatemedizin mit hohem finanziellen Aufwand nach den Ursachen der Schmerzen forschen, aber man wird nichts Konkretes finden. Damit gehören die Rückenleiden in den Bereich der Mysterien. Zwar gibt es auch ganz einfache Spontanantworten der Ärzte auf das akute Rückenleiden in Form von Tabletten oder Spritzen, aber das sind letztlich nur vordergründige Mittel zur Schmerzbekämpfung.

Um die moderne Rückenleidentherapie ranken sich gewaltige und unüberschaubare Mythen. Dabei ist es ähnlich wie bei der Kindererziehung oder der Aufstellung der Fußball-Nationalmannschaft, jeder ist ein Experte. Und jeder hat einen Geheimtipp, nach dem das eigene Rückenleiden verschwunden ist, jedenfalls vorübergehend. Weil diese therapeutischen Maßnahmen nun so vielfältig und variantenreich sind wie das pralle Leben selbst, so lässt sich in froher Gesprächsrunde darüber ein abendfüllendes Programm bestreiten.

Um das undurchsichtige Feld der selbsternannten Rücken-Gurus etwas transparenter zu machen, kann man die therapeutischen Ansätze grob in physiotherapeutische, athletische, psychologische und alternative Verfahren unterteilen. Dazu gibt es noch eine Menge von Lösungsansätzen, die irgendwo dazwischenhängen und nicht eindeutig zuzuordnen sind.

Zwischen Orthopäden und Physiotherapeuten scheint es Geheimabkommen zu geben. Wenn der Arzt seine eigenen (häufig erfolglosen) Behandlungen abgeschlossen hat, reicht er den Rückenpatienten gerne zum Physiotherapeuten weiter. Der hieß früher Masseur, macht aber heute noch das Gleiche, er packt den Leidenden zuerst in ein Paket mit heißem Schlamm, um ihm anschließend die Muskulatur durchzukneten. Das wird von den Patienten als sehr angenehm empfunden, hilft aber meistens nicht wirklich. Wenn mein Vater übrigens früher Rückenschmerzen hatte, hat ihm meine Mutter in ein Handtuch gepackte, zerstampfte heiße Kartoffeln auf die schmerzende Stelle gelegt. Leider kann ich mich nicht mehr daran erinnern, ob es ihm geholfen hat. Da die eingeschränkte Wirkung der Massagen mittlerweile auch bis zu den Krankenkassen vorgedrungen ist, bekommen die Masseure Probleme mit der Abrechnung. Deshalb haben sie sich schon aus reiner Selbsterhaltung neue Therapieformen ausgedacht. Dazu gehört unter anderem die Rückenschule.

Damit befinden wir uns schon im Übergang von den physiotherapeutischen zu den athletischen Verfahren. Bis vor ein paar Jahren hat man den Leidenden strikte Schonhaltung verordnet, bestimmte Bewegungen möglichst zu vermeiden, eine Bierkiste anheben, als wenn man in die Hose gemacht hätte, aus dem Auto steigen mit langsamer Gesäßdrehung usw. Und wenn man dann morgens einmal kurz unter der Dusche nach der Seife gegriffen hat, zack – schon war man zur Salzsäule erstarrt.

Heute empfiehlt die Fachwelt das Gegenteil zur Schonhaltung: Der Rückenleidende muss sich viel bewegen. Die Physiotherapeuten stellen nun dazu nicht ganz uneigennützig fest, dass der Rückengeplagte alleine zu dumm ist, sich richtig zu bewegen. Deshalb muss er in die Rückenschule. Dabei kann für den Einzelnen zwar nicht so viel abgerechnet werden, aber dafür kann man durchaus profitable Gruppen bilden. Und wenn man Glück hat, kommen die Patienten jahrelang jede Woche immer wieder und üben kollektives Beckenkreisen.

Manchen Rückenleidenden ist Rückenschule aber zu spießig oder zu bevormundend. Für diese Fälle gibt es das physiotherapeutisch begleitete Fitness-Studio, kurz Muckibude genannt. Neben körperbewussten Jung-Schwarzeneggern bewegen da abendlich wohlbeleibte Jungsenioren bemitleidenswert schwächelnd zur Kräftigung der Rücken- und Bauchmuskulatur Eisengewichte an Schnüren. Das Tun erinnert an sinnentleerte Sklavenarbeit, hat aber unter den Beteiligten einen durchaus progressiven Touch, insbesondere wenn es unter der Anleitung von durchgestylten und mit dem neuesten Trendvokabular der Rückentherapie ausgestatteten Trainern erfolgt. Andererseits riecht es dort schon häufig penetrant nach abgestandenem Schweiß und Käsefüßen.

Neben diesen Indoor-Varianten haben die Rückenleidenden die Natur wieder entdeckt. Therapeutische Erfolge kann der moderne Mensch aber nicht durch einfaches Spazierengehen oder Laufen erreichen, dazu bedarf es des fundierten Trainings im Nordic Walking. Selbsternannte Experten sprechen dem schnellen Gehen mit zwei Stöcken geradezu wundersame Heilungskräfte zu. Noch sind es zu jeder Tages- und Nachzeit meistens laut schwätzende Gruppen von älteren Damen, die in gebührendem Abstand hinter ihrer aerobic-schlanken Trainerin herwatscheln. Dabei hat der Betrachter das Gefühl, als ob die Stöcke eigentlich bei der Ausübung natürlicher Bewegungsabläufe nur hinderlich sind und eher zu einer zusätzlichen Muskelverspannung führen müssten.

Zunehmend sieht man aber auch vereinzelt einen Mann in solchen Gruppen. Bei dessen Anblick überkommt mich meistens Traurigkeit und Bedauern; erstens, weil die Gespräche in der Damenrunde an ihm völlig vorbeigehen und zweitens, weil ältere Männer mit diesen Stöcken noch beknackter aussehen als Frauen.

Weil Rückenleiden nach herrschender Ansicht nicht nur ein Problem des Körpers sind sondern auch des Kopfes, speziell des Kopfinhaltes, setzen diverse Therapieansätze entsprechend bei der Seelenmassage an. Als Ursache des Schmerzes wird danach nicht das Abnutzen von Knochen und Gelenken angesehen, sondern die Verspannung der Muskulatur. Und zu diesen Verspannungen kommt es wiederum durch den zivilisationsbedingten Stress.

Trotz objektiv immer mehr Freizeit glaubt der moderne Mensch, speziell auch der Mann, immer weniger Zeit zu haben. Er fühlt sich ständig von Terminnot bedrängt, und das schlägt auf den Magen und verspannt die Muskeln. Nicht umsonst sagt man, in bestimmten Situationen habe man schwer zu tragen, es würde einem viel aufgeladen oder man habe den Stress im Nacken.

Wenn man das so einige Jahrzehnte erlitten hat, dann hat die dabei empfundene Last auf den Schultern die Muskeln derart zusammengepresst, dass die darin eingelagerten Nervenbahnen zu schmerzen beginnen. Theoretisch ist die Therapie ganz einfach. Man muss einfach nur loslassen und sich gelassen zurücklehnen. Der Rest geschieht dann von ganz alleine, die Muskeln entspannen sich, und das Skelett richtet sich wieder auf. Wie gesagt, das ist die Theorie. Wie soll man aber entspannen, wenn man morgens in einen zwanzig Kilometer langen Stau hineinfährt und in einer halben Stunde einen Termin wahrnehmen muss, bei dem es um die Rettung der Menschheit geht oder zumindest einen existenzerhaltenden Kundenauftrag.

Auch für die Entspannung gibt es professionelle Hilfe. Ich meine nicht das, was einige mit etwas schmutziger Fantasie jetzt vermuten. Wie es geht, machen seit einigen tausend Jahren die Asiaten vor.

Yoga, Meditation, Tai Chi oder Qigong sind in Südostasien meistens kollektiv ausgeübte Morgenrituale, die die Leute dort fit und offensichtlich auch gelassen machen. Deswegen können die einen auch immer so freundlich angrinsen, vor allem auch in den Situationen, wo sie den gestressten Europäer gerade übers Ohr hauen. Das machen sie dann so ganz locker weg. So seit zwanzig, dreißig Jahren hat sich die fernöstliche Lebensphilosophie auch bei uns ausgebreitet, mit immer wieder neuen Spielarten, von Meditation bis Kung-Fu.

Als wacher und offener Mensch sucht man nach Möglichkeiten, das Gute zu tun und das Schlechte zu lassen, auch für sich selbst. So habe ich schon vor langer Zeit mit der europäischen Variante der Entspannungstechniken begonnen, dem autogenen Training. War eigentlich nicht schlecht, aber bei „Alles fließt in mein Sonnengeflecht" bin ich meistens in einen tiefen Schlaf gefallen. Das war zwar nicht im Sinne der Technik, hatte aber natürlich auch durchaus eine entspannende Wirkung.

Später habe ich dann mal Tai Chi versucht, so eine Mischung aus entspannender Bewegung und Schattenboxen. Ich war mehr als ein halbes Jahr lang wild entschlossen, ein Erleuchteter zu werden, aber es ist mir nicht gelungen. Dazu beigetragen hat wohl auch, dass ich der einzige Mann in einer Gruppe von ansonsten einem Dutzend esoterisch angehauchter Frauen mit lila Pluderhosen und selbst gestrickten Wollsocken war, die penetrant den Meister anhimmelten. Da konnte ich schlecht entspannen. Ich habe auch das Gefühl, dass diese Seelenklempnerei in unserer Kultur eher etwas für Frauen ist, jedenfalls in unserer Altersklasse. Den meisten Männern fehlt da der Sinn für die Kausalitäten.

Die schillerndsten Therapieansätze sind sicherlich unter den alternativen Verfahren zu finden. Ein Arzt hat mir mal erklärt, Alternativmedizin wäre alles das, bei dem es zwischen dem Verfahren und den objektiv eingetretenen Wirkungen keinen nachzuweisenden Zusammenhang gäbe. Das scheint mir eine etwas fragwürdige Betrachtung zu sein, denn die so genannten Schulmediziner oder vielleicht auch die Pharmaindustrie bestimmen dabei wohl meistens die Versuchsanordnung. Dazu sind sie, zumindest nach eigenen Aussagen, immer nur am Wohl des Patienten interessiert. Alternativ bedeutet andererseits aber auch, dass bei manchen Menschen bei einer bestimmten Therapie eine Wirkung eingetreten ist, oder sie glauben es zumindest. Bei anderen Menschen trifft diese Wirkung aber nicht zu. Andererseits trifft eine solche Definition des Alternativen aber auch auf die meisten so genannten schulmedizinischen Verfahren zu. Das Ganze ist also ein schwieriges Feld.

Dabei ist die Grenze zwischen Scharlatanerie und ernsthaft wirksamen Verfahren nur schwer zu ziehen, ja eigentlich unmöglich. Da soll es so einen legendären Schäfer im Emsland geben oder in Ostfriesland, der in jahrzehntelangen Feldversuchen gelernt hat, die orthopädischen Leiden der ihm anvertrauten Tiere zu beheben. Mittlerweile sollen aus ganz Nord- und Westdeutschland Heerscharen von Verzweifelten zwischen Wiesen und Gräben den Weg zu ihm finden, um sich durch wenige gezielte Griffe seiner von harter Arbeit verschwielten Hände für immer von ihren Leiden befreien zu lassen. Und mit einer kleinen Spende von zwanzig Euro für sein Werk ist er dann auch noch glücklich und zufrieden. Wahrscheinlich gibt es in anderen Teilen der Republik ähnliche Wunderheiler.

Andere schwören auf die Wirkungen eines Pendels oder der nicht mehr nachzuweisenden Moleküle in homöopathischen Globuli von Arnika C 200. Wieder andere versuchen es mit Akupunktur, Akupressur oder Akupunktmassage, mit sehr unterschiedlichen Erfolgen. Die Zahl der Verfahren nimmt dabei in den letzten Jahren exponentiell zu. Und jeder selbst ernannte Heilsbringer schreibt über seine ultimative Methode dann ein Buch, so dass in gut sortierten Buchhandlungen die Regalwände mit der Überschrift „Alternative Medizin" immer größer werden.

Als Mensch mit einer Sozialisation, die dem alternativen Leben durchaus zugewandt ist, bin ich bei einer sonst sehr rationalen Einstellung offen für die alternativen Medizinverfahren, na ja schon nicht für jeden Firlefanz. Aber wer weiß schon vorher, was geht und was nicht. Da erzählt mir jemand etwas vom Triggern. Das sei eine gute Methode, die im Laufe der Jahrzehnte zusammengeklebten und deshalb unbeweglichen Muskelstränge wieder zu lösen und geschmeidig zu machen. Er hatte auch gleich eine Adresse für mich. Eine Heilpraktikerin, nett, zart und freundlich, erklärte mir die Triggerpunkttherapie. Danach müssten durch punktuelle Druckausübung an bestimmten Muskelpartien die Muskelverklebungen aufgelöst werden, und schon wäre ich wieder schmerzfrei.

Dann fing sie an und zeigte ihr wahres Ich, das von einem abgrundtiefen Sadismus beherrscht war. Mit einer Art Schaubenzieher bearbeitete sie mich an Schultern, Gesäß und Beinen an den schmerzhaftesten Stellen unter Einsatz ihres ganzen Gewichtes. Nachdem ich mich einer Weile enorm zusammengerissen hatte, schrie ich dann den Schmerz laut heraus. Davon ließ sie sich aber überhaupt nicht beeindrucken. Im Gegenteil, sie erzählte mir in freundlichem Ton von einem ihrer Kollegen, der wegen der lauten Schreie seiner Patienten seine Praxis aus der Innenstadt in eine Jagdhütte im Wald verlegt hätte.

Nach ein paar Tagen sah ich aus, als hätte mich eine wilde Rockergang mit Dachlatten verprügelt, so grün und blau war ich. Als weibliche Patientin hätte ich damit ohne große Nachfrage die sofortige Aufnahme in einem Frauenhaus sichergestellt. Nach einem halben Dutzend solcher Sitzungen waren die Rückenschmerzen noch nicht weg, aber gegenüber den Triggerschmerzen hab' ich sie als harmlos empfunden.

Ein anderer Geheimtipp bezog sich auf ein etwas unanständiges Verfahren, dessen Namen ich wieder vergessen habe. Dabei massierte mir ein Heilpraktiker mit kräftigen Fingern die untere Beckenbodenmuskulatur. Das seien die entscheidenden Muskeln, die den gesamten Körper zusammenhalten würden, so seine keinen Widerspruch duldende Lehrmeinung. Problematisch war nur, dass diese winzigen Muskeln nur über den Mastdarm zu erreichen waren. Bei Frauen sei es einfacher, da gäbe es zwei Zugangsmöglichkeiten, so sein Hinweis zur Therapie. So machte ich als eindeutig heterosexuell orientierter Mann ansatzweise Erfahrungen homoerotischer Sexualpraktiken. Ich bin ganz sicher, dass der Heiler nichts Derartiges im Sinne hatte und von seiner Methode rein medizinisch überzeugt war. Aber geholfen hat es auch nicht.

Wie die meisten Rückenleidenden mit langjähriger Erfahrung bin ich irgendwann auch zu der Überzeugung gekommen, dass das Suchen nach der letzten Wahrheit wohl ohne Erfolg bleiben wird und der Rückenschmerz für mein weiteres Leben ein mehr oder weniger treuer Begleiter sein wird. Diese Gelassenheit und Akzeptanz seiner Nähe bringt schon für sich alleine einen gewissen therapeutischen Erfolg.

Wenn er dann mal zwischendurch zu aufdringlich wird, gehe ich zu Klaus. Das ist auch ein Heilpraktiker, der mir dann gezielt ein paar Akupunkturnadeln setzt. Dann kann ich mich zumindest wieder besser bewegen. Und wenn ich dann abends noch eine therapeutische Flasche Bardolino leere, geht es am nächsten Morgen schon wieder etwas besser.

Zeitung am Morgen

Tageszeitungen stehen wohl auf der roten Liste der aussterbenden Arten. Für Menschen unter dreißig scheint es außerhalb der Vorstellungskraft zu liegen, die Morgenzeitung als unverzichtbaren Bestandteil ihres Tageseinstiegs zu betrachten. Bei uns ist das genaue Gegenteil der Fall. Sollte aufgrund schlechter Witterung oder eines Druckerstreiks der Briefkasten morgens leer bleiben, so sind die Frühstücksriten maßgeblich gestört. Frühstück ohne Zeitung geht nicht.

Nach den ungeschriebenen Gesetzen der innerfamiliären Arbeitsteilung beanspruche ich dabei zunächst Politik und Sport, Hanna nimmt den Lokalteil und das Feuilleton. Das entspricht offensichtlich dem Muster klassischer Rollenklischees.

Bei näherer Betrachtung ist die Fixierung auf die morgendliche Lektüre schon verwunderlich. Die nationalen und internationalen Nachrichten sind vom Vortage und größtenteils schon aus anderen Medien bekannt, die Kommentare unserer Provinzzeitung können eher als kleinkarierte Einmischung in die große Politik vernachlässigt werden. Was an neuer Information bleibt, ist der Lokalteil. Der wird im Wesentlichen beherrscht von den machtpolitischen Scharmützeln der Lokalpolitiker innerhalb und außerhalb des Stadtrates. Man hat das Gefühl, es gibt da Leute, die benötigen es, ununterbrochen mit ihren überflüssigen Mitteilungen an die Öffentlichkeit zu gehen, um damit ihr Konterfei in der Zeitung abgebildet zu sehen.

Am schlimmsten sind da die jungen Rechtsanwälte aus der F.D.P. Da scheint es fester Bestandteil der Karriereplanung zu sein, durch ständiges pseudoliberales Gewäsch in der Zeitung bei Sozietäten mit Bezug zum großen Geld auf sich aufmerksam zu machen.

Der zweite große Teil der Lokalnachrichten gehört den Berichten über das städtische Vereinsleben. Da merkt man schon, dass man nicht in einer Metropole lebt. Ich kann mir nicht vorstellen, die Berichte von den Jahreshauptversammlungen von Schützen- oder Kaninchenzüchtervereinen oder den Freizeitaktivitäten der Feuerwehr würden auch nur einen Menschen interessieren außer den dort Abgebildeten selbst. Außerdem ähneln sich die Inhalte unabhängig vom Vereinszweck sowie die Bilder der Uniformträger so sehr, dass von daher schon die Lektüre auf die Dauer überflüssig ist. Was bleibt also noch Lesenswertes übrig? Der Sportteil für den Herrn und das Feuilleton für die Dame des Hauses.

Nun stemmen sich die Zeitungen aus reiner Selbsterhaltung mit aller Macht gegen den Niedergang. Mit E-Papers sollen die Vertreter der Playstation- und Internetgeneration gelockt werden. Uns Ältere ködert man mit diversen Beilagen, die in unregelmäßigen Abständen auf aktuelle oder scheinbar interessierende Themen Bezug nehmen. So sind in unserer Zeitung erschienen: „Der Garten im Frühling", „Der Garten im Herbst", „Radlerwelt", „Asiatische Küche", „Badrenovierung", „Golfsport" oder „Kreuzfahrtreisen", um nur einige zu nennen.

Mein Verdacht ist, dass den Zeitungsverlagen eigentlich ziemlich gleichgültig ist, ob jemand tatsächlich die so genannten redaktionellen Beiträge in diesen Beilagen liest. Dementsprechend sind die Inhalte auch recht anspruchslos oder überdeutlich interessengeleitet. In der Regel werden sie auch von Pressevertretern derjenigen Institutionen verfasst, die auf derselben Seite für ihre Produkte in Anzeigen werben. So schreibt der Inhaber eines Kaminstudios in der Beilage „umweltfreundliches Heizen" über die CO_2-Neutralität von Specksteinöfen. Kurz, man kann sich unter dem Aspekt einer objektiven Informationsgewinnung das Lesen jeglicher Zeitungsbeilagen schenken.

Neulich fand ich in unserer Zeitung die Beilage „Fit ab 50". Eigentlich fühlte ich mich von dem Titel nicht sonderlich angesprochen und legte sie sofort zur Seite. Hanna schaute ebenfalls drauf und gab sie mir zurück. „Ist doch was für dich; stell dich mal langsam drauf ein, dass du zu den Senioren gehörst", musste ich mich belehren lassen. Auf dem Titelblatt radelte ein Paar mittleren Alters – ich würde sagen Vierzig-plus – auf einem Deich bei strahlendem Sonnenschein; die beiden selbst strahlten dabei ebenfalls in einer Weise, als ob sie gerade von einem höheren Lottogewinn erfahren hätten. Bei flüchtigem Durchblättern stellte ich dann fest, dass alle Bilder solche vor Glück und Lebensfreude nur so überschäumenden Gesichter zeigten, als ob die Seniorinnen und Senioren gerade auf Droge seien. Die Message sollte wohl lauten: „Älter werden macht so glücklich."

Ich fing dann doch an, mich für die Inhalte zu interessieren, warum auch immer. Das Konzept erinnerte an die Apotheken-Umschau, die ich allerdings auch nie lese. Jedenfalls ist jedem klar, der sich darauf einlässt, dass mit den pseudomedizinischen Fachbeiträgen der Leser in die nächste Apotheke gelockt werden soll, um die angepriesenen Mittel zur Behebung seiner Probleme von der kompetenten und dazu uneigennützigen und immer lächelnden Apothekerin zu kaufen. Welches Bild aber hatte die Tageszeitung oder der verantwortliche Redakteur nun von unserer Generation?

Zunächst war die Beilage so dick und umfangreich wie sonst selten. „Der Garten im Herbst" hatte höchstens die halbe Seitenzahl. Das zeigte, dass wir offensichtlich als kaufkräftige Zielgruppe ernst genommen werden. Man will also an unser Geld. Aber wer will denn da wohl dran?

Da waren auf den ersten Seiten diverse so genannte Finanzdienstleister. Mittlerweile hat sich ja bis zum letzten Deppen herumgesprochen, dass die Renten eben nicht sicher sind. Mit dieser Aussage wird Angst geschürt, man müsse womöglich demnächst als Siebzigjähriger mit löcherigen Handschuhen im Winter in der Fußgängerzone Blockflöte spielen, um sich noch ein dünnes Süppchen leisten zu können. Ich bin davon überzeugt, dass es nicht mehr lange dauern wird, bis wir solche armen Alten tatsächlich auf der Straße sehen werden. An den fehlenden Zähnen wird man sie erkennen. Aber das ist bestimmt nicht die Zielgruppe, um die sich die Zeitungsbeilage bemüht.

Natürlich geht es um die vermögenden Jungsenioren, die auch in Zukunft genug zum Leben haben werden. An deren Vermögen möchte zum Beispiel Herr Kaiser ran, indem er ihnen das Häuschen abluchst und in eine Immobilienrente umwandelt. Dann wohnen die glücklichen Alten zwar wieder zur Miete, können aber mit der neu erworbenen Harley glücklich in den Sonnenuntergang fahren. Das Motto dazu lautet: „Wir machen den Weg frei." Die ganzen Finanzheinis wollen eigentlich nur an unser Vermögen, entweder, um es sich einzuverleiben in der Hoffnung, dass wir es nicht mehr lange tun oder dadurch, dass sie es in immer bessere Anlagenformen umschichten, um an den dabei entstehenden Provisionen abzukassieren. Dabei wird gerne mit der Angst gespielt, der Staat könne uns das sauer Ersparte abjagen.

Der Artikel „Das richtige Testament für Sie" erläuterte, mit welchen legalen Tricks man sich vor der Erbschaftssteuer schützen kann, um so den Kindern später mal alles zu überlassen. Rechtsanwälte dürfen keine Werbung machen. Aber der Artikel war von einem RA geschrieben und endet mit dessen Namen, Adresse und Telefonnummer.

Dann ging es um die sinnvolle Gestaltung unserer Freizeit und da primär um den Urlaub. Der alternde Mensch hat offensichtlich Zeit und Geld dafür. Die Redaktion schrieb von der Förderung der Kreativität und Erweiterung des Horizontes durch Kontakt mit anderen Menschen und Kulturen. Was die dazugehörigen Reiseveranstalter anboten, klang aber eher bescheiden nach einem Urlaub für Arme oder Behinderte, wobei nicht ganz klar wurde, ob es bei der angesprochenen Zielgruppe eher um körperliche oder geistige Behinderung ging. „Die Lüneburger Heideklöster zur Zeit der Heideblüte" oder „Weimar – auf den Spuren der Klassiker" mit Abholung von zu Hause vermitteln eher den Eindruck, man würde mit einer Schar von dementen Rolatorfahrern in einen abgelegenen Gasthof gefahren und dort so lange weich gekocht, bis die nötige Zahl von überteuerten Heizdeckensets verkauft worden ist. Die Zielgruppe dieses Themenbereiches ist aber offensichtlich noch eine andere. So geht es auch um „Betreuungsangebote für Alzheimer-Patienten" oder „unbeschwerten Urlaub für pflegende Angehörige".

Den größten Umfang nahmen die Seiten ein, die sich auf die Gesundheit beziehen. Das trifft die Problematik aber nicht wirklich. Es ging eher darum, aus Jungsenioren glückliche Ersatzteillager zu machen. Der Hörgeräteakustiker schob auch schon gleich ein Sonderangebot hinein, nach dem ein Ohrstöpsel der neuesten Technologie aus Japan zum Super-Sonderpreis von schlappen tausendfünfhundert Euro bei ihm zu erwerben war. Zahnkliniken warben für Implantate, damit „Sie auch im Alter noch glücklich lächeln können". Damit sollte auch sicherlich nicht der AOK-Patient angesprochen werden. Die Revolution auf dem Gebiet des Haarersatzes, der echter als echt aussieht, führt dazu, dass niemand mehr als Glatzen-Exhibitionist die Umwelt erschrecken muss. Und damit einen die senile Bettflucht nicht schon im Morgengrauen im Haus herumgeistern lässt, bedarf es lediglich der richtigen Matratze, nicht zu vergessen der zugehörige Lattenrost.

Weitere Artikel ließen schon an der beruflichen Qualifikation oder der geistigen Verfassung der Redaktion zweifeln. Unter der Überschrift „Sicheres Fahren im Alter" wurde der bahnbrechende Tipp gegeben: „Planen Sie Pausen fest ein, am besten mit einer kleinen

Mahlzeit oder einem Spaziergang." Wegen der steigenden und immer dreisteren Kriminalität gerade gegenüber Ältern sollte man niemandem die Tür öffnen. Außerdem benötige man eine neue Haussicherungsanlage mit Video-Überwachung. Schließlich ging es in der Rubrik „Tiere sind treue Freunde" um Trauerbegleitung und eine angemessene Bestattungszeremonie für Bolko oder Mautzi.

Zusammenfassend kann ich nur feststellen, das Bild von dem glücklich radelnden Paar auf dem Titelblatt meint in Wirklichkeit: Er lächelt nur, weil er vor zwei Stunden eine Viagra eingenommen hat, dafür hat sie ein Östrogen-Pflaster auf dem Bauch. Beider Skelette werden nur noch durch Dübel und Drähte zusammengehalten. Die Körperfunktionen werden weitgehend über elektronische Ersatzorgane gesteuert. Wegen erster Demenz-Ausfälle ist ihnen der Führerschein entzogen, so dass sie nur noch mit dem Rad die nächste Umgebung erkunden können. Ihr geistiger Zustand lässt weiter nur noch zu, dass sie sich möglichst hinter verschlossenen Türen aufhalten und Reisen über fünfzig Kilometer nur in betreuten Gruppen unternehmen sollten. Die Verantwortung über das eigene Geld sollte man ihnen entziehen und in die Hände von Profis geben.

Den Redakteuren, die ganz offensichtlich einer anderen Generation angehören, sollte man wünschen, dass sie selber mal so enden. Die Zeitung und das gesamte organisierte Verbrechen hinter diesen Machenschaften mit dem Versuch zur Entmündigung von Menschen, die mitten im Leben stehen, sollte man boykottieren. Wer einen solchen Schwachsinn publiziert, sollte sich nicht wundern, wenn ihm auch noch die letzten treuen Leser abhanden kommen. Ich hatte meine Kündigung schon geschrieben. Habe sie dann doch wieder zerrissen, aber nur, weil ich zum Frühstück so gerne den Sportteil lese.

Das Trinken im Allgemeinen und im Speziellen

Wie so vieles andere im Leben ändern sich im Laufe der Zeit auch die Trinkgewohnheiten. Damit meine ich nicht das Trinken als Nahrungsaufnahme, sondern das in seiner sozialen Funktion. Wird im Allgemeinen behauptet, Bayern sei die Region der Biertrinker, Baden und Rheinland-Pfalz die Gebiete des Weintrinkens, so soll man an dieser Stelle die Norddeutschen nicht unterschätzen. Pils und Korn spielten in den letzten fünfzig Jahren eine nicht unerhebliche Rolle als gesellschaftliches Phänomen in meiner Heimat, insbesondere bei der Pflege zwischenmenschlicher Kontakte.

Aus der Erinnerung an meine Jugend können dabei Trinkrituale in drei verschiedene Kategorien aufgeteilt werden. Da ist zunächst das Kneipentrinken. Der Gasthof mit Festsaal und angeschlossenem Einkaufsladen für alles (heute würde man vom Supermarkt sprechen) war Lebensmittelpunkt, Kommunikationszentrale und Finanzzentrum.

Für Männer war das Trinken eine Selbstverständlichkeit, der sich im Prinzip niemand entziehen konnte. „Saufen" ist für diese Form der Flüssigkeitsaufnahme eigentlich der angemessenere Begriff. Dabei wurde in Lokalrunden getrunken. Das ging so: Morgens saß der erste Durstige in der Kneipe und trank sein Bier. Kam der zweite Gast, so bestellte er eins für sich und eins für den Nachbarn, der Dritte bestellte drei usw. Saßen nun vielleicht zwanzig Männer in der Kneipe, so hatte der erste zwanzig getrunken, aber nur eins bezahlt. Um nicht als Geizkragen dazustehen, sah er sich genötigt, ebenfalls ein Bier für alle zu bestellen, was nun die nächste Runde einläutete. Die verschärfte Form dieses Rituals bestand darin, zu jedem Bier noch einen Korn – einen Kurzen, wie man sagte – dazu zu bestellen. Mittags wankten dann alle hackevoll nach Hause zu Muttern. Dass dabei ein Teil der kommunikationsfreudigen Trinker noch mit dem Auto fuhr, sei nur am Rande erwähnt.

Als Primaner arbeitete ich in den Schulferien immer als Briefträger in einem Landbezirk, und der Dorfgasthof gehörte zu meinem Zustellbezirk. Der Postbote konnte sich den allgemeinen Gepflogenheiten nicht entziehen und wurde in die Lokalrunden selbstverständlich einbezogen. Dazu kam, dass „dei Bräifdreeger" (hochdeutsch: „der Briefträger") bei Barauszahlungen um einen lauwarmen Korn an der Haustür nicht herumkam. Alles andere wäre eine Beleidigung des Empfängers gewesen. Danach hatte ich dann meistens mittags Mühe mit der Abrechnung im Postamt. Die alten Postkollegen, die das ein halbes Leben lang hauptberuflich gemacht hatten, waren bei diesem Knochenjob um größere Leberschäden nicht umhingekommen.

Mit den strenger werdenden Verkehrsvorschriften und den vielen Fernsehprogrammen sind diese traditionellen Gastwirtschaften mittlerweile mehr oder weniger ausgestorben. Ausnahmen bilden nur noch diejenigen, die einen griechischen Pächter für einen Gyrostempel gefunden haben.

Die zweite Kategorie bildet das Trinken auf Familien- und Nachbarschaftsfesten. Häufig war Nachbarschaft gleichzeitig auch Familie, jedenfalls waren immer ziemlich viele Leute versammelt. Bei Hochzeiten vom Sohn des Stadtrates mit der Tochter des Apothekers konnten schon mal so zwei- bis dreihundert Leute zusammenkommen. Dabei waren vom Baby bis zum Greis alle Generationen versammelt. Bei den kleineren, in kurzen Abständen stattfindenden Geburtstags- und sonstigen Jubiläumsfesten waren die Abläufe wohl schon über Generationen hinweg stillschweigend festgelegt.

Nach dem Kaffeetrinken und vor dem Abendbrot gab es für die Männer obligatorisches Kartenspielen, üblicherweise Doppelkopf, bei dem es um kleines Geld und viel Korn ging. Zeitweise kam auch aus dem Westfälischen der Wacholder in Mode. Die Frauen saßen separat in der Küche und tranken Eierlikör. Nach dem massigfettigen Dreigänge-Abendessen wurde dann das Nachmittagsprogramm unter verschärften Bedingungen fortgesetzt.

Die wohl gesellschaftlich wichtigste Kategorie war das Vereinstrinken. Es gab und gibt bis heute drei kleinstädtische Vereinsarten in Norddeutschland, den Sportverein, den Schützenverein und die freiwillige Feuerwehr. Dazu kamen allerdings in der Regel noch diverse Zusatzvereine wie Sparklub, Kegelverein, Bundeswehrkameradschaft oder Skatklub. Die drei Hauptvereine waren im letzten Jahrhundert reine Männervereine. Wer nicht mindestens in einem Verein war, stellte sich ins gesellschaftliche Abseits.

Die meisten Männer waren in allen Vereinen, was in Bezug auf das damit fest verbundene Trinken dann allerdings größte Kondition abverlangte. Einige meiner Altersgenossen, die zeitlebens diesem Milieu verhaftet blieben, waren dem auf Dauer nicht gewachsen und liegen deshalb schon längst auf dem städtischen Friedhof.

Beim Vereinstrinken muss zwischen Tagesgeschäft und Sonderanlässen unterschieden werden. Das Tagesgeschäft bezog sich auf die wöchentlichen Zusammenkünfte zur Pflege des Vereinszweckes. Die sportlich orientierte Jugend trainierte im Fußballverein, die Feuerwehr reinigte die Schläuche, auch dann, wenn es eigentlich nichts zu reinigen gab, und die Schützen übten in ihren Spielmannszügen etwas, das sie Musik nannten, wenn es nach objektiven Kriterien damit auch ziemlich wenig zu tun hatte. Da jeder Verein seine Vereinskneipe hatte, endeten diese Zusammenkünfte auch stets dort mit den entsprechenden Pegelständen.

Höhepunkte im Jahresablauf sowohl für die Einzelnen wie auch die Stadt selbst waren die Sonderanlässe, die Vereinsfeste. Sport-, Schützen- und Feuerwehrfeste fanden im Sommer statt, üblicherweise in Festzelten. Im Winter hatte dann noch jeder Verein seinen Festball im Saal.

Die Dramaturgie der Feste war unverrückbar vorgegeben. Dazu wurden zunächst andere Vereine der Umgegend eingeladen und zum sportlichen Wettkampf herausgefordert. Die Fußballmannschaften spielten um einen Blechpokal, die Feuerwehren versuchten so schnell wie möglich, ein extra dafür gebasteltes und dann angezündetes Holzhäuschen zu löschen und die Spielmannszüge pfiffen und trommelten im Wettstreit, wer am lautesten „Over in the Glory Land" abdudeln konnte. Das ganze Städtchen war jeweils dabei und auch jede Menge Leute aus der Umgebung. Einigen von ihnen war es dabei schon nicht vergönnt, wegen des nicht-sportlichen Dreikampfes am Rande – Bier, Korn, Bratwurst – die Sonne untergehen zu sehen.

Das eigentliche Fest fand am Samstagabend statt, mit Tanz und Kampftrinken. Beides stand in einem unverrückbaren Zusammenhang. Dazu muss ein Hinweis auf das norddeutsche Temperament erlaubt sein. Mit etwas schwererem Geblüt ausgestattet ist der Niedersachse im Grunde sehr zurückhaltend, insbesondere auch dem anderen Geschlecht gegenüber. Die wesentliche Funktion dieser Feste bestand nun darin, diese Reserviertheit zu überwinden und die zwischengeschlechtlichen Kontakte zu fördern. Dazu musste Mann sich zuerst eine mentale Grundlage schaffen und an der Biertheke im Freundeskreis den nötigen Mut antrinken.

Damit ausgestattet, ging es dann ans Werk, das heißt an die Dame des Herzens. Die eloquenten Tänzer, zu denen ich damals leider nicht gehörte, waren dabei eindeutig im Vorteil. Nach ein paar Tänzen setzte eine Pause ein, bei der der Herr die Dame an die Bar führte, nicht an die Biertheke. Dort gab es dem Anlass entsprechend Getränke wie süßen Sekt, Sekt mit einem rohen Eigelb oder einen Likör, der bezeichnenderweise „Vögelschnaps" genannt wurde, wohl nicht nur, weil auf dem Etikett ein exotisches Federtier abgebildet war.

Mit zunehmender Zahl der Tanzrunden und der enthemmenden Wirkung der aphrodisischen Getränke kam man sich näher. Im Morgengrauen fand die neue Zweisamkeit dann häufig am Stadtweiher oder in den öffentlichen Anlagen einen horizontalen Höhepunkt, zu dem es ohne die Wirkung des Alkohols wohl nie gekommen wäre.

Obwohl das Pillen-Zeitalter angebrochen war, war die konsequente Folge häufig das „Heiratenmüssen" ein paar Monate später. Ob das aus Versehen oder mit Absicht herbeigeführt wurde, mag im einzelnen Fall offenbleiben. Wahrscheinlich gibt es keine Statistik darüber, aber ich vermute, in den sechziger und siebziger Jahren wurden die meisten Ehen in Norddeutschland über diese Balzrituale geschlossen. Der überwiegende Teil davon hat übrigens über eine erhebliche Stabilität bis auf den heutigen Tag verfügt.

Als schneller aber nach Expertenmeinung zu sehr ballverliebter Rechtsaußen im Fußballverein „Concordia" war ich selbstverständlicher Bestandteil des gesellschaftlichen Lebens und seiner Trinksitten. In der Jugendmannschaft begann das Trinken so mit vierzehn Jahren. Die Gewöhnung erfolgte recht schnell über das Stiefeltrinken. Dabei wurde ein eineinhalb bis zwei Liter fassender Glasstiefel mit Bier gefüllt und in Saufrunden geleert. Die entscheidende Phase ergab sich für denjenigen, der den Rest aus der Stiefelspitze trinken musste. Nur durch geschicktes Drehen konnte man das Überlaufen des Bieres vermeiden. Wer dabei patzte und die Bierreste mit einem Blubbern in seinem Hemdausschnitt versenkte, musste den nächsten Stiefel bestellen. Die Mannschaften von Concordia waren nicht gerade die sportlich erfolgreichsten der Region, dafür konnte uns aber niemand im Saufen übertreffen.

Schützen und Feuerwehr waren mir von klein auf an etwas obskur. Vermutlich hing das mit dem Tragen von Uniformen zusammen. Die grünen oder schwarzen Röcke kamen mir schon immer etwas lächerlich vor, gerade auch dann, wenn ihre Träger bei den pseudomilitärischen Vereinsritualen versuchten, besonderen Ernst, Würde und Bedeutsamkeit auszustrahlen.

Über das Trinkverhalten bei der Bundeswehr habe ich schon an anderer Stelle berichtet. Im Prinzip ging es so weiter wie gehabt. Als Erweiterung kam manchmal das Frustsaufen dazu. Der sinnentleerte Gammeldienst fand seine Entladung dann darin, dass größere Mengen an Bier ohne kulturelles Beiprogramm dumpf hineingekippt wurden. Der Vorteil von uns Jungs aus der Fläche gegenüber den großstädtischen Gymnasiasten bestand darin, dass wir schon über ausreichende Trinkerfahrungen verfügten. So manches unerfahrene Muttersöhnchen aus Hamburg oder Hannover musste beim Bund den alkoholbedingten Absturz erleben.

Während der Studentenzeit änderte sich an meinem grundsätzlichen Trinkverhalten nicht viel. Aus Pils wurde allerdings Kölsch, aus dem Gasthof die Vorstadtkneipe an der Ecke. Der Kölner ist im Gegensatz zum Norddeutschen mit geradezu südländischer Offenheit ausgestattet, die teilweise allerdings für den Zugereisten Züge von aufdringlicher Geschwätzigkeit aufweist. Kurz, der Kölner trinkt nicht alleine, dafür zahlt er aber meistens für sich. So wurde ich schnell zum Deckeltrinker. In zwei, drei Stammkneipen fand ich immer jemanden, um über die großen Gesellschaftsentwürfe zu philosophieren, und mit steigender Zahl der Striche auf dem Deckel wurde die politische Lage skeptischer beurteilt.

Bei Aldi gab es damals Bocholt-Bier aus Belgien mit einem äußerst zweifelhaften Ruf. Bei knapper WG-Kasse zum Monatsende wurden schon mal ein paar Sixpacks davon weggeputzt. Alle behaupteten am nächsten Tag, dass man von diesem Fusel tierische Kopfschmerzen habe. Ich hab' keine Ahnung, ob das Bocholter tatsächlich so schlecht war oder die Einbildung oder die Menge dabei entscheidender die Befindlichkeiten bestimmten.

Hanna ging eigentlich selten mit mir in die Kneipe. Hin und wieder warf sie mir vor, ich würde latente Merkmale eines Alkoholikers aufweisen. Ich bewies ihr dann das Gegenteil, indem ich regelmäßig im Januar und Februar überhaupt keinen Alkohol trank. Das war meine selbst verordnete Fastenzeit. Ich betone dabei, dass die zeitliche Nähe zur katholischen Fastenzeit wirklich zufällig ist. Zugegebenermaßen holte ich diese Enthaltsamkeit in der Folgezeit dann wieder spielend auf. Deshalb habe ich diese blödsinnige Selbstbeschränkung irgendwann auch aufgegeben.

Wenn ich meinen heutigen Alkoholkonsum mit dem meiner wilden Jahre vergleiche, so hat sich einiges geändert, sowohl was die Mengen als auch den Gegenstand selbst angeht. Man kann es auf eine kurze Formel bringen: „Wein statt Bier, das rat ich dir." Das gilt nicht nur für mich, sondern offenbar für den größten Teil meiner Generation, und zwar beiderlei Geschlechts. Da auch die heutige Jugend zwar nicht weniger trinkt als wir damals, aber auch vom Bier in seiner ursprünglichen Form nach dem deutschen Reinheitsgebot abrückt, sind die Brauereien mittlerweile in eine ernste Existenzkrise geraten. Die zweifelhaften Versuche, Bier mit Johannisbeersaft, Eierlikör oder Lakritzbonbons zu einem undefinierbaren Gebräu zu vermischen und als neues Lifestylegetränk zu vermarkten, deuten offensichtlich den endgültigen Niedergang einer tausend Jahre alten Trinkkultur an.

Die größten Wachstumsraten beim Konsum einzelner Getränke in Deutschland haben in den letzten Jahren Mineralwasser und Wein zu verzeichnen. An diesem Trend bin ich nicht ganz unbeteiligt, allerdings eher in umgekehrter Reihenfolge. Dabei war der Übergang vom Bier- zum Weintrinker schleichend.

Das Teuflische für den Norddeutschen ist, dass er zunächst Wein für ein Getränk wie Bier hält, nur mit einem anderen Geschmack. Wenn man dann innerhalb einer Stunde, seinem natürlichen Flüssigkeitsaufnahmebedürfnis folgend, so fünf bis sieben Gläschen hineingekippt hat, wird man von der unterschiedlichen Wirkung hinterrücks kalt erwischt. Für jemanden, der es gewohnt ist, größere Getränkemengen zu sich zu nehmen, ist es deshalb sinnvoll, zwischen zwei Gläsern Wein eine größere Menge Wasser zu trinken. Das scheint mir auch der hauptursächliche Grund für den Boom der Mineralbrunnen zu sein.

Auf meiner letzten Geburtstagsparty, zu der immer ein paar liebe Freunde anwesend sind, habe ich ein Pittermännchen Kölsch aufgestellt. Am nächsten Morgen war es noch so voll wie am Abend vorher, und ich hatte ein Entsorgungsproblem. Dafür waren in die Bestände meiner Weinvorräte einige schmerzliche Breschen geschlagen.

Erstaunlicherweise weist das Weintrinken trotz aller Emanzipationsbemühungen der letzten vierzig Jahre eine geschlechtsspezifische Differenzierung auf. Nach meiner Beobachtung trinken Frauen überwiegend Weißwein, Männer dagegen Rotwein. Bisher hat mir noch niemand eine schlüssige Erklärung für dieses Phänomen liefern können. Meine eigene These ist, dass in einem Winkel der männlichen Hypophyse noch der archaische Drang verdrahtet ist, nach gewonnener Schlacht das Blut unserer Feinde als Triumph des Sieges zu trinken.

In unserem Haushalt ist Wein mittlerweile ein nicht mehr wegzudenkender Bestandteil unserer Grundnahrungsmittel geworden. Vermutlich deutet sich drin die Rückkehr der Klassik in unserer Gesellschaft an, mit der Sehnsucht nach der mediterranen Kultur und Lebensweise. Dementsprechend führen deutsche Weine nach wie vor ein Schattendasein. Damit tut man einigen durchaus progressiven Winzern sicherlich Unrecht, aber mit Wein von Rhein und Mosel werden immer noch Willi Schneider, Kröver Nacktarsch und die Horden weinseliger Kegelklubs in Bacherach oder Traben-Trabach assoziiert.

So gelangt nur selten eine Flasche aus deutscher Produktion auf unseren Tisch, in der Regel handelt es sich um italienische, französische oder spanische Weine. Hanna, die mittlerweile Wein regelmäßig zum Abendessen trinkt, bevorzugt einen französischen Cascogne, während ich vor allem Toskana-Weine schätze. So bin ich in den letzten zehn bis fünfzehn Jahren von einem Biertrinker zu einem Weingenießer mutiert. Zwar bilde ich mir nicht ein, ein Weinexperte zu sein, aber so langsam komme ich den Geheimnissen guter Weine ein Stück näher.

Für einen selbsternannten Experten hält sich mein Freund Theo. Als Eigentümer einer gut florierenden Biomarkt-Kette im Rhein-Main-Gebiet hat er sich mit meiner fachlichen Unterstützung vom KBWler zum grünen Unternehmer mit Hang zu bürgerlichen Umgangsformen gewandelt. Unser Verhältnis kann als eine Mischung aus kritisch-freundschaftlicher Verbundenheit und gemeinsamen Geschäftsinteressen definiert werden. Jedenfalls ist unsere Verbindung nach einer Phase heftigster Auseinandersetzungen über die Politik im Allgemeinen und seine Geschäftspolitik im Speziellen heute von gegenseitigem Respekt, Gelassenheit und Toleranz gekennzeichnet. Theo hat sich zum Ziel gesetzt, mir Weinkultur zu vermitteln.

Grundsätzlich bin ich offen für alles Neue und lasse mich dabei auch auf Daseinsbereiche ein, deren Existenz für mich früher Niemandsland war. Wenn also Weinseminare, Weinpreise, Weincharakterisierungen, Weinlexika und -zeitschriften in den letzten Jahren derart expandieren, so denke ich mir, muss dieses Phänomen einen ernstzunehmenden Hintergrund haben. Theo hat ganz offensichtlich diese Botschaften bereits auf einem hohen Niveau verinnerlicht und versucht, mich daran partizipieren zu lassen. Allerdings habe ich seinen Erleuchtungsgrad noch nicht erreicht, und ich bezweifle auch ernsthaft, dass es jemals dazu kommen wird.

Bei jedem meiner Besuche in seiner Öko-Villa im Taunus stellt er mir eine seiner neuesten Errungenschaften vor. Vorstellung ist sicher nicht der richtige Ausdruck für das, was folgt. Theo degustiert. Allein die Vorbereitung ist schon ein großer Zauber. Das beginnt mit der Entkorkung. Der beschnüffelte Korken wird auf eine Korkablage platziert und für weitere Riechproben in Bereitschaft gehalten. Der Wein muss die richtige Trinktemperatur haben. Ich habe gelernt, dass ein Weinthermometer dafür hilfreich sein kann. Zur Entfaltung seines Bouquets muss der Wein dekantieren, wobei Theo ihn über einer Kerzenflamme vorsichtig in eine Karaffe umfüllt. Jedes Mal aufs Neue versichert er mir, dass eine Stunde dafür viel zu wenig sei, um den wahren Charakter des Weines zum Tragen zu bringen, aber länger will und kann ich einfach nicht warten.

In der Zwischenzeit zeigt er mir seinen Weinkeller, den er zur Vermeidung von Temperaturunterschieden in den felsigen Hang seines Grundstückes hat treiben lassen. Ich habe keine Ahnung, wie viele Flaschen dort lagern, aber falls er sie alle noch bis an sein Lebensende trinken wollte, hätte er wohl ein echtes Leberproblem zu befürchten – auch bei hohem Endalter. Es scheint sich mehr um einen nicht näher zu begründenden Sammlertick zu handeln oder einen eigenständigen Zugang zum Universum.

Theo trinkt nur Bioweine, aus ideologischen Gründen, aber auch weil sie seiner Meinung nach von unvergleichlicher Qualität sind. Ich habe gelernt, dass neben dem Geschmack Aussehen und Duft einen Wein charakterisieren. „Hier haben wir einen piemontesischen Barbera", doziert Theo dann und blickt durch sein Weinglas hindurch. „Erkennst du diese volle und tiefe Rubinröte?" Ich weiß, dass es sich dabei eigentlich um keine an mich gerichtete Frage handelt, sondern dass Theo in sein vinologisches Tantra entrückt ist. „Ein voller Duft, ich rieche Brombeere gepaart mit einem Hauch von frischem Herbstlaub", lässt Theo seinen Geruchssinn sprechen. Ich stecke ebenfalls meinen Riecher in das Glas, bin mir aber nicht wirklich sicher, ob ich Theos Einschätzung folgen kann. Er nimmt einen kleinen Schluck, nein, er schlürft ihn in sich hinein und lässt ihn immer wieder über die Zunge fließen. „Achtzehn Monate Barrique, das hinterlässt Spuren von Tabak und Rauch, dazu diese komplexen Beerenaromen." Der Schluck wird immer wieder durch den ganzen Mundraum bearbeitet. „Am Gaumen zeigt er reifes, abgerundetes Tannin, hat einen vollen Körper mit einer herrlichen Struktur und Komplexität." Nach einer Unendlichkeit wird das Schlückchen schließlich seiner endgültigen Bestimmung übergeben und Theo schwärmt: „Hat er nicht einen ausgewogenen, geschmeidigen und langen Abgang?", und ich bin dabei wohl wieder nicht der Adressat seiner Frage. „Und der ist von 2004. Da steckt noch eine Menge Potenzial drin", so sein abschließendes Urteil.

Genauso wie er vor zwanzig Jahren für den kubanischen Weg des Sozialismus schwärmen konnte, so kann er sich heute für die Qualitäten von Montalcino, Médoc oder Ribera del Duero begeistern. Vielleicht bin ich ja neidisch, dass es mir nicht gelingt, bis in die letzten Geheimnisse vergorener Trauben vorzustoßen, aber einiges scheint mir doch etwas abgedreht zu sein. Im Grunde genommen werden nach den Maßgaben von ein oder zwei Weingurus verschiedene Traubensäfte in einem bestimmten Verhältnis zueinander verpanscht und dem zahlenden Publikum als ein ganz großer Wurf verkauft. Aber das muss ich Theo gegenüber natürlich für mich behalten.

Für mich überwiegt beim Weinkonsum mehr der gesellige Aspekt. Deshalb genieße ich auch die regelmäßigen Weinentdeckungsreisen mit Theo. Auf der ständigen Suche nach dem bisher unentdeckten

Superwein braucht er moralische Unterstützung. Gemeinsam mit mir und Volker geht es dann einmal im Jahr für mehrere Tage in eines der aufstrebenden europäischen Weinbaugebiete zur Verkostung vor Ort. Überseeische Weine sind für Theo tabu. So sind wir in den letzten Jahren unter anderem in entlegenen Gebieten der französischen Zentralalpen, in Nord-Portugal, im Mezzogiorno und sogar in Österreich gewesen.

Auf meine defizitären Weinkenntnisse habe ich schon hingewiesen. Volker gehört noch zu einer anderen Kategorie von Weinliebhabern; er ist reiner Pragmatiker. Das hängt wohl mit seinem Beruf zusammen. Als er wegen seiner politischen Vergangenheit mit Berufsverbot belegt wurde und nicht als Lehrer beim Land NRW eingestellt wurde, schulte er spontan um und wurde Tischler. Mit seinem Geschick für extravagantes Design besitzt er mittlerweile einen größeren Handwerksbetrieb für Massivholzmöbel. Volker trinkt Rotwein, weil er gelesen hat, die darin enthaltenen Saponine würden Herzinfarkt und Schlaganfall wirksam vorbeugen. Bei seinem Konsum muss allerdings befürchtet werden, dass ersatzweise dafür die Leber größere Schäden nehmen könnte. Volkers und Theos Zugang zum Wein stoßen manchmal etwas heftig aufeinander, etwa, wenn Theo in einer kleinen Kooperative in Navarra einen Tempranillo entdeckt hat und von seinem zarten Vanille schwärmt, die Flasche zu 18,50 Euro. Volkers Kommentar dazu: „Ganz süffig, aber der Rioja von Aldi ist auch ganz lecker."

Volker und ich sind in Theos Augen liebenswerte Weindilettanten. Unsere Begleitung bestätigt ihn dadurch in seiner Stellung als Weinkenner und Gourmet. Er genießt still seine önologische Überlegenheit und wohl auch die Tatsache, dass wir ihm selten widersprechen. Für uns ist das Ganze ein super-toller Männer-Kurzurlaub. Leicht skurrile Züge und einen gesteigerten Unterhaltungswert haben die

Kurztrips bekommen, seitdem die Esoterik bei Theos Entdeckerdrang eine Rolle spielt.

Die näheren Hintergründe der Weiterentwicklung vom Biowein zum biodynamischen Wein sind mir dabei bisher verschlossen geblieben. Ich weiß nur, dass es sich um einen anthroposophischen Hokuspokus handelt, der seine eigene Fangemeinde besitzt, sowohl unter esoterisch angehauchten Winzern wie auch Weintrinkern. In Niederösterreich weilten wir auf einem Weingut, das uns schon einige Kilometer vorher durch seinen infernalischen Geruch den Weg wies. In offenen Bottichen wurde dort eine Suppe aus Brennnesseln, Baldrian und Kamille vergoren. Bei Vollmond im Zeichen des Stiers (wann immer das auch ist) musste das Gebräu dann an die Weinstöcke gegossen werden. Theo schwärmte von dem vollmundigen Aroma und der bewusstseinserweiternden Wirkung der Ergebnisse dieser Anbaumethode; Volker und ich behielten dabei für uns, dass wir eher einen Hauch der Kräutersuppe auch in dem blauen Zweigelt glaubten zu erahnen. Aber Kopfschmerzen haben wir trotz größerer Mengen davon tatsächlich nicht bekommen. Überhaupt scheinen diese New-Age-Weine einen großen Teil ihres weltanschaulichen Potenzials aus der Astrologie zu schöpfen. An der Loire besuchten wir eine Domaine, bei der der Kräuterdünger in Hunderten von Kuhhörnern gelagert wurde, bevor er wiederum bei Vollmond an die Reben kam. Die Spitze der Hörner zeigte dabei in den Himmel und sollte eine Verbindung zum Weltall herstellen. Das Abfüllen des Weines durfte, aus welchem Grund auch immer, nur nachts bei Neumond geschehen. Für mich übertrug sich der Zauber nicht auf die Qualität des Weines. Er war mir im Abgang zu kratzig, um mit Theos Worten zu sprechen. In Salice Salentino erlebten wir, wie Blasen und gefüllte Gedärme von Ziegen in den Weinfeldern vergraben wurden, um die mystische Kraft des Weines zu verstärken.

Von da ab hielt ich Theo für einen völlig abgedrehten Spinner, musste meine Einschätzung aber bald korrigieren. Unter medialer Begleitung etwas antiquiert erscheinender Dia-Vorträge hielt er nämlich im Großraum Frankfurt Weinseminare ab, bei denen er die besondere spirituelle Wirkung seiner Esoterik-Weine pries. In seinen Bioläden verkaufte er sie dann unter Einstreichen eines hohen Wertschöpfungsanteils. Kurz: Er hat mit diesem Zauber eine Menge Kohle gemacht.

Apropos Kohle: Als ökonomisch geprägter Mensch habe ich mich auch schon mit Gedanken an Wein als Kapitalanlage beschäftigt. Wenn ein 1996er Château Latour nach 10 Jahren 500.– Euro einfährt, dann sind das Renditen, die kein Sparkassenbrief bietet. Man kann den Wein selbst einkaufen und im eigenen Keller lagern, man kann Futures auf Weine kaufen, die erst in ein paar Jahren auf Flaschen gezogen werden oder Weinfonds. Die immer ausgeprägtere Zockermentalität von Bankern und Anlegern bringt ständig neue Anlageformen hervor, mit denen man auf nichts anderes als eine bestimmte Zukunftsentwicklung Geld einsetzt, also auf ein zukünftiges Nichts. So soll es schon Index-Zertifikate auf die Öchsle-Grade zukünftiger Jahrgänge geben.

Bei all der Spekulation mit Wein frage ich mich allerdings, ob solche Kapitalwerte tatsächlich wohl irgendwann mal ihrer eigentlichen Bestimmung zugeführt und getrunken werden. Wer tatsächlich eine Flasche für tausend Euro austrinkt, hat in jedem Fall zu viel Geld. Außerdem kann er nur enttäuscht werden. Da bleibe ich doch lieber bei meiner eigenen Anlageform. Bei dem Dutzend Kisten italienischer Weine, die ich hin und wieder mal beim Weinhändler meines Vertrauens ordere, besteht nie die Chance, dass mal ein ganz großer dabei sein wird. Denn spätestens nach einem halben Jahr ist nichts mehr davon übrig geblieben.

Ein neues Auto

„Den hast du aber auch schon ziemlich lange", sagte Theo neulich anlässlich eines Geschäftsbesuches zu mir und deutete dabei auf meinen Wagen. Ich ging nicht näher darauf ein. Auf der Rückfahrt dachte ich noch einmal darüber nach. So knapp fünf Jahre war mein Gefährt nun wohl alt. Ich hatte zwar noch das Gefühl, als ob er ziemlich neu sei, aber der Kilometerzähler hatte die magische Grenze von einhunderttausend Kilometern schon deutlich hinter sich gelassen. Klar, ich könnte mir mal wieder ein neues Auto anschaffen. Aber im gleichen Augenblick schoss mir die nächste Frage schon durch den Kopf: „Aber welches?" Die richtige Automarke oder auch das richtige Modell zu fahren, ist nämlich bei uns in Deutschland eine äußerst komplizierte Angelegenheit, jedenfalls für Männer. Und ich habe das Gefühl, mit zunehmendem Alter wird es eher noch schwieriger.

Als ich achtzehn war, machte ich selbstverständlich meinen Führerschein. Das war in der ländlichen Umgebung auch unverzichtbar. Dazu kam dann auch sehr schnell darauf das erste eigene Auto, ein Fiat 500. Der war knallrot und hatte ein Falt-Schiebedach. Aus heutiger Sicht war das Besondere an ihm, dass sich die Türen nach vorne öffneten. Heute sieht man in Italien noch viele dieser wirklich süßen Cinquecentos, aber keinen mehr mit diesen Selbstmördertüren.

Der kleine Fiat war nicht nur Fortbewegungsmittel für mich, sondern auch das erste Liebesnest. In einer Waldschneise habe ich in dieser Knutschkugel meine ersten sexuellen Abenteuer erlebt. Aus heutiger Sicht ist das nur noch schwer nachzuvollziehen, da der Wagen wirklich klein ist und nicht einmal über Liegesitze verfügte. Aber wir waren damals offensichtlich ziemlich gelenkig und erfindungsreich im Umgang miteinander. Und bei entsprechendem Hormonspiegel ist Raum in der kleinsten Hütte.

Auf die Dauer war der Kleine aber zu anfällig. Insbesondere der Anlasser, der mit einem kleinen Kipphebel zwischen den Sitzen zu bedienen war, streikte ständig, so dass ich immer ein Ersatzteil unter der Fronthaube hatte. Als ich einmal deswegen zu spät zur Bundeswehr kam, war Schluss mit lustig.

Danach kam die Phase der Renault R4s, von denen ich zwei Exemplare nacheinander besaß. Das zweite Modell hatte sogar Liegesitze, allerdings zu einer Zeit, als ich darauf zum Ausleben meines Sexualtriebes nicht mehr angewiesen war. Heute haben alle Autos immer noch diese flachzulegenden Sitze, obwohl mir scheint, dass sie wirklich niemand mehr benötigt.

Der R4 war damals eigentlich schon ein richtiges Auto mit viel Platz und einem großen Kofferraum. Als Student war ich damit immer gefragt, wenn mal wieder einer meiner Freunde umziehen musste. Für den Urlaub war er auch super geeignet; es passten vier Leute einschließlich Campingausrüstung hinein. Um gegen Anlasserprobleme gewappnet zu sein, hatte der R4 eine Kurbel, mit der man das Auto im Bedarfsfall auch im Handbetrieb starten können sollte. Das funktionierte zwar nicht, aber der Anlasser war beim R4 auch nicht das Problemteil. Das waren die Antriebswellen, die eine durchschnittliche Haltbarkeit von etwa zwanzigtausend Kilometern hatten. Bei meinem schmalen Studentenbudget war das manchmal schon schmerzhaft. Die Alternative zum Werkstattbesuch bestand darin, mit dem Bestseller-Buch „Jetzt helfe ich mir selbst" in der einen und einem Schraubenschlüssel in der anderen Hand die Reparaturen selbst vorzunehmen.

Danach kam die Bulli-Zeit. Den ersten VW-Bus kaufte ich von einem Bastler. Der hatte in liebevoller Kleinarbeit aus einem Rotkreuz-Krankenwagen ein Auto gemacht, das man heute als kleines

Wohnmobil bezeichnen würde. Den Begriff gab es aber damals noch nicht; ich glaube, Wohnmobile gab es überhaupt noch nicht.

VW-Bullis waren unter Studenten äußerst beliebt, insbesondere die so genannten Split-window-Ausführungen. Das waren Nachkriegsmodelle mit zwei flachen Frontscheiben und einem Steg in der Mitte. Noch heute spricht man in der Retrospektive vom Kultauto einer ganzen Generation und meint damit die „Achtundsechziger".

Die Attraktivität des Split-window-Bullis wurde durch eine amerikanische Comic-Serie gefördert. Die Freak-Brothers waren darin kalifornische Hippie-Brüder, die einen solchen Bulli benutzten, um damit immer wieder nach Mexiko zum Kiffen zu fahren. Die Storys waren aus meiner etwas lückenhaften Erinnerung ziemlich banal, aber heute würde man sagen „ausgesprochen kultig". Bunt angemalt wurden auch bei uns aus den ursprünglichen Kleintransportern fröhliche Hippieautos.

Mit meinem ersten Bulli habe ich es dann mit meiner exotischen Erstfrau bis in den Himalaja geschafft – und zurück. Das war noch ein Auto mit einer überschaubaren Technik, bei der man fast alle Reparaturen selbst vornehmen konnte.

Auf den Trips rund um den Globus konnte man in den Siebzigern und Achtzigern jede Menge dieser fantasievoll umgebauten Gefährte sehen mit einem lustigen Völkchen, hauptsächlich bestehend aus Australiern, Amerikanern und Europäern, die das mehr oder weniger ziellose Reisen zu ihrem wesentlichen Lebensinhalt gemacht hatten. Neben dem VW-Bulli waren auch noch alte Mercedes-Kastenwagen im Einsatz. Wenn sie aus Deutschland kamen, konnte man unter Umständen noch ein notdürftig abgeschmirgeltes Posthorn an den Seitentüren erkennen. Zu der Zeit verkaufte die deutsche Post nämlich ihre alten Dienstwagen über Versteigerungen. Und da konnte man schon mal ein gutes Schnäppchen machen. In Kabul, Goa oder Kathmandu trafen sich dann besonders viele Bullis und Mercedes-

Transporter aus aller Welt. Einige Typen von damals sollen immer noch dort herumhängen.

Was zu der damaligen Zeit überhaupt nicht ging und für die meisten von uns auch heute kaum vorstellbar ist, ist ein Wohnwagen. Während der umgebaute Kleintransporter mit Sandblechen, Ersatzreifen und einem Surfbrett auf dem Dach einen Hauch von Freiheit und Abenteuer, von Kiffen, Sex am Strand und Woodstock suggerierte, verbanden wir mit dem Wohnwagen womöglich hinter einem Opel Rekord oder Ford Taunus genau das Gegenteil. Da vermutete man im Rückfenster einen Wackel-Dackel und eine Klopapierrolle mit Häkelmützchen. Mit Wohnwagen quälten sich spießige Familienväter in beigen Shorts und Feinrippunterhemden über die Alpen auf einen Campingplatz nach Rimini oder an den Wörthersee. – Ein Wohnwagen ist für mich heute noch tabu, obwohl er sicherlich ganz praktisch ist.

Nach meinem Asien-Trip hatte ich noch mehrere Bullis, zumindest als Zweitwagen. Hanna nähte später bunte Ikea-Gardinen und sorgte dafür, dass es richtig gemütliche Wohnbusse wurden. Ich glaube, ich habe nirgendwo so gut und fest geschlafen, wie in diesen VW-Bussen. Damit bereisten wir ganz Europa. Einen VW-Bus nahmen wir für einen Westcoast-Trip mit hinüber in die USA. Am Ende haben wir ihn dann an jemanden verkauft, der sehr stark an einen von den Freak-Brothers erinnerte. Mit Nora-Baby sind wir dann noch ein paar Mal in Urlaub gefahren, aber als Fabius hinzukam, ging die Bulli-Ära zu Ende. Damals glaubten wir noch, dass wir uns später einmal wieder einen schönen VW-Bus anschaffen würden. Heute sehe ich das allerdings nicht mehr so.

Als nächstes kam die Kombi-Phase. Mit zwei Kindern fuhr man so etwa ab Beginn der achtziger Jahre üblicherweise einen Passat Variant. Davon hatten wir auch mehrere nacheinander, solide Alltagsfahrzeuge mit einer großen Klappe. Hanna fuhr damit zur Schule und zum Einkaufen. Und gemeinsam fuhren wir damit in den Urlaub, mittlerweile nicht mehr zum Camping sondern in Ferienhäuser. Ich hatte allerdings das Gefühl, dass die Passat-Qualität in den Neunzigern nachließ; die Reparaturrechnungen wurden jedenfalls immer höher.

Heute fährt Hanna einen Volvo-Kombi. Die Volvo-Werkstätten in unserer Nähe haben allerdings immer noch diesen arroganten Habitus, den man früher selbst in der Renault-Werkstatt vorfand. Da wird einem vom Werkstattmeister dann mit so einem süffisanten Lächeln von oben herab der Eindruck vermittelt, man müsse sich vielmals dafür entschuldigen, dass man das Volvo-Team mit einer lächerlichen Inspektion belästige, die höchstens mal gerade tausend Euro kostet. Unsere Autos bringe ich deshalb lieber zu Schrauber-Gerd. Der hat eine mittlerweile gut laufende Karosseriewerkstatt und kann jede Marke und jedes Modell professionell wieder herrichten. Da er mit meiner Hilfe mal einem drohenden Konkurs entkam, bin ich mit meinen Autoproblemen bestens bei ihm aufgehoben.

Mit der Aufnahme meiner Berufstätigkeit benötigte ich einen Firmenwagen. Das war zunächst nur ein fahrbarer Untersatz, der billig im Unterhalt und problemlos in der Handhabung sein musste. Außerdem wollte ich bei meiner alternativen Klientel beim Vorfahren auch möglichst wenig auffallen und das Vertrauensverhältnis nicht durch spektakuläre und politisch unkorrekte Fahrzeugtypen belasten. So fuhr ich lange VW-Golf, von eins bis drei. Damit war nichts falsch zu machen. Meine Geschäftspartner hatten zu der Zeit meistens wenig Geld und fuhren deshalb auch ziemlich alte Wagen, häufig VW-Busse oder den Mercedes-Kastenwagen.

Daneben wurde in der Szene aber schon teilweise ein gewisser Hang zum Luxus deutlich. Trotz massiver Vorbehalte gegen die Eckpfeiler des Kapitalismus, Daimler-Benz und Deutsche Bank, besaß schon so mancher Alternativunternehmer seinen eigenen Mercedes, meistens als 200 D. Fairerweise muss allerdings dazu erwähnt werden, dass der alternative Mercedes-Fahrer auf den Reisen zu Eltern und Anverwandten den Diesel aus dem dortigen Heizöltank äußerst preiswert beschaffen konnte. Das waren Zeiten als der Liter Heizöl noch aus heutiger Sicht unglaubliche zehn Pfennig kostete. Damit konnte man dem kapitalistischen System ein Steuer-Schnippchen schlagen und auch noch fast umsonst fahren, wenn man ein paar alte Bundeswehr-Kanister mit dem Brennstoff aus der Heimat im WG-Keller stehen hatte. Noch heute schwärmt mancher der damaligen Mercedesfahrer von seiner „Heckflosse" oder seinem „Strichacht", so die Insiderbezeichnungen für den unverwüstlichen Daimler. Einer hatte sogar einen 280 SE mit einer kleinen Dieselmaschine. Der machte nach außen hin schwer was her, kam aber auf der Autobahn kaum aus dem Windschatten vorausfahrender LKWs heraus.

Wie schon an anderer Stelle erwähnt, entwickelte sich die alternative Unternehmerszene mit den für den Kapitalismus üblichen Ausfällen weiter. Überlebende Unternehmer, insbesondere die erfolgreichen unter ihnen, veränderten im Laufe der Zeit ihren Lebensstil. Das geschah manchmal auch unter Verlust der ideologischen Grundsätze, mit denen man ursprünglich unternehmerisch angetreten war. Zwar gibt es auch den Umsatzmillionär mit Wurzeln in der Alternativszene, der noch heute mit einem unscheinbaren Golf-Diesel ins Büro fährt. Daneben kenne ich aber auch den Ex-Grünen mit einem Porsche Cayenne, mit dessen Durchschnittsverbrauch man eine Buslinie betreiben könnte.

Meine eigenen Autokäufe waren eigentlich immer von der Vernunft bestimmt gewesen und von meinem begrenzten Budget. Aber in meinem tiefsten Inneren war da wohl schon immer ein Verlangen nach einer richtig tollen Kiste gewesen, ein etwas verschüttetes Bedürfnis, das sich mit der Verbesserung meiner wirtschaftlichen Situation langsam in das Bewusstsein hervorarbeitete. Ich weiß nicht, ob es einem inneren Kulturtrieb entspricht, ein schönes Auto zu besitzen oder ob es schlicht ein Hang zur Außendarstellung ist. Man sagt ja, für deutsche Männer wäre die Wahl der Automarke ein Spiegelbild der Seele oder der Selbsteinschätzung.

Ich muss also eingestehen, dass ich mich von dieser Überhöhung eines an sich seelenlosen Gegenstandes auch nicht freimachen kann. Die Wahl des Autos, das der von mir selbst gewünschten Außenwirkung am ehesten entspricht, ist mittlerweile ein mich häufig beschäftigendes Problem. Mit dieser Bürde bin ich allerdings nicht alleine. Bei einem Gespräch unter Männern ist man zum Beispiel im Laufe eines Abends relativ schnell beim Autothema angelangt. Frauen, soweit anwesend, verschwinden meistens umgehend zum Austausch anderer typisch geschlechtsspezifischer Informationen in der Küche.

Nun geht die Entwicklung des Automobilmarktes dahin, dass es immer weniger Marken und immer mehr Modelle gibt. Entscheidend für das Ansehen eines Autos ist aus Männersicht aber die Marke. Ein eingefleischter Mercedesfahrer kauft immer wieder einen neuen Daimler, auch wenn er mit dem alten ständig wegen irgendwelcher Elektronikprobleme in der Werkstatt war. Ist aber ein Markenimage erst einmal den Bach hinuntergegangen, dann wird es sehr schwer, das wieder aufzupolieren. Opel und Ford kämen deshalb für mich nie in Frage, weil sie so grottenlangweilig sind, so die typischen Wagen für Finanzbeamte des mittleren Dienstes. Dabei haben die in unserer Jugend mal richtig tolle Autos gebaut. Der Mercedes ist für den Opa mit Hut, der Porsche für denjenigen, der sich völlig überschätzt oder Potenzprobleme überspielen will. Japaner und Koreaner sind immer noch Reisschüsseln, die zeigen, dass ihr Besitzer nicht die Großzügigkeit besitzt, sich ein angemessenes Auto zu kaufen. Italiener rosten einem unter dem Hintern weg, nur Ferrari ist was für Oberspinner; Engländer wären zwar das gewisse Etwas, sind aber mehr oder weniger ausgestorben. Was noch davon übrig geblieben ist, kann man entweder vergessen oder sich nicht leisten. BMW oder Audi zeigen zwar durchaus Charme und Emotion, aber die fährt mittlerweile fast jeder hier. Amerikanische Autos brauche ich eigentlich gar nicht zu erwähnen; die werden nur von Leuten gefahren, die sich mit einem Brillantring am kleinen Finger an einen Boxring setzen. Und Geländewagen sollten meiner Meinung nach in Deutschland verboten werden. Da fahren einige Eigentümer doch tatsächlich mit ihren SUVs am Wochenende in stillgelegte Braunkohlenreviere, um ihrem Geländewagen mal das richtige Gelände zu zeigen. „Django" muss dafür aber erst noch eine Eintrittskarte lösen. Bleiben noch die Franzosen; die sind aber meiner Meinung nach nur was für Frauen oder für Männer, die wie Frauen über Autos denken.

Da ich das alles nicht sein will, stellt sich die Frage, was noch übrig bleibt. Also etwas Besonderes muss das Auto schon haben, mit dem ich mich schmücke. Ich habe ja schon festgestellt, dass mir eine gewisse Eitelkeit nicht abgeht. Aber gleichzeitig soll es natürlich nicht darauf hindeuten, dass ich einen Haufen Blech benötigte, um mein Selbstbewusstsein aufzupolieren. Also suche ich einen sympathischen Hingucker mit Understatement-Qualitäten.

Vor diesem Hintergrund fuhr ich jahrelang einen Mini Cooper; natürlich den alten Original-Mini MKII. Aber wer schön sein will, muss bekanntlich leiden. Die Originalität erkaufte ich mit großen Ölflecken in der Garage, ab und zu einem Abschlepphaken auf der Autobahn und einer unüberschaubaren Zahl von Aufenthalten bei dem dabei immer geduldigen Schrauber-Gerd. Dafür bewunderten mich aber alle wegen meiner tollen kleinen Kiste. Das hatte schon was. Aber irgendwann möchte man nicht mehr leiden, sondern einfach mal problemlos Auto fahren. Danach kam ein Audi-Cabrio, wovon ich mich aber nachträglich mit Nachdruck distanzieren möchte. Das ist doch eher so ein Schickimicki-Wagen für unausgelastete Fabrikantenwitwen. Das habe ich aber auch ziemlich schnell eingesehen.

Ich kaufte mir dann einen Saab, eine kühlen Skandinavier für den Individualisten mit gehobenen Ansprüchen. Der passte ganz gut zu meiner Selbsteinschätzung. Aber in meiner Branche schienen jede Menge Leute ähnlich zu denken wie ich. Jedenfalls sah man bei Kongressen und Meetings unseres Geschäftsbereiches auf den Parkplätzen überproportional viele Saabs, so dass man auf dem Parkplatz lange nach seinem eigenen Exemplar suchen musste.

Aber heute verschleiert ja häufig die Verpackung die Wahrheit über den Inhalt. Nachdem Saab von General Motors gekauft wurde, wird die Authentizität des Skandinaviers den Rationalisierungseffekten der globalen Märkte geopfert. In einer Autozeitschrift las ich dazu etwas, was für mich schlimmer nicht hätte kommen können: „Der neue Saab ist ein Opel Vectra für gehobene Ansprüche." Seitdem bin ich wieder auf der Suche nach einem schönen neuen Auto. Wird aber immer schwieriger. – Ich habe schon mal an einen Alfa gedacht. Die Italiener sollen in den letzten Jahren auch gar nicht mehr so rostanfällig sein. Dann gibt es da noch den Cinquecento, den neuen, ganz in Rot. Den kann man auch in einer Ausstattung mit ganz schön viel Musik unter der Haube bekommen. Da könnte man dann sagen: „Back to the Roots."

Wenn ich mal Rentner sein sollte, kaufe ich mir noch mal einen Oldtimer, der zu mir passt, vielleicht so einen alten MG Midget in „British Racing-Green". Im Winter schraube ich dann ein bisschen dran herum, und im Sommer fahre ich damit spazieren. Als ich Hanna davon erzählte, meinte die nur kopfschüttelnd: „Dann pass mal schön auf, dass du die Schrauben auch wiederfindest".

Haus und Wohnen

„Wenn einer von uns beiden mal sterben sollte, will ich hier nicht mehr wohnen bleiben", mit dieser ehrlichen aber irgendwie auch brutalen Ankündigung überraschte mich Hanna vor einiger Zeit. Damit wurde eine intensive Diskussion darüber eröffnet, in welchem häuslichen Rahmen unser Leben im Alter stattfinden sollte.

Bevor ich auf die damit verbundenen Auswirkungen näher eingehe, muss ich noch erklären, dass wir in einem mittlerweile sehr schönen Haus wohnen, um das uns viele unsere Freunde beneiden. Ende der siebziger Jahre waren wir in das ziemlich heruntergekommene Anwesen gezogen. Ich behauptete immer, es handele sich um eine Jugendstilvilla, musste mich aber mal von einem Fachmann korrigieren lassen, dass dabei ein Mix verschiedener Stile der vorletzten Jahrhundertwende vorliegen würde. Wenn der Begriff Villa ein gewisses Maß an Exklusivität vermuten lässt, so war nach unserer Übernahme zunächst eher das Gegenteil der Fall. Der Keller war feucht, die Fensterrahmen verfault, der Fußboden morsch und die Heizung defekt. Es regnete durchs Dach, dafür waren die Wasserleitungen verkalkt. Die Marder vollführten jede Nacht ziemlich laute Sexspiele auf dem Dachboden und in einigen Holzdecken bohrte der Holzwurm. Außerdem hatten wir im jugendlichen Leichtsinn erheblich zu viel dafür bezahlt. Auf der Habenseite waren allerdings eine ruhige und schöne Lage sowie ein großer verwilderter Garten anzumerken.

Zwanzig Jahre haben wir dazu benötigt, um aus dieser bemitleidenswerten Ruine ein echtes Schmuckstück zu machen. Das geschah zunächst weitgehend mangels anderer Möglichkeiten in Eigenleistung. Eigentlich bin ich vom Typ her kein Handwerker, aber bis auf Elektroarbeiten habe ich schon fast alles in der Anfangszeit gemacht, ehrlicher gesagt, versucht zu machen. Dabei hat es durchaus zwischenzeitliche Fehlversuche und Frustrationserlebnisse gegeben. In der Ambulanz des städtischen Krankenhauses muss noch eine Patientenakte mit meinen Heimwerkerunfällen existieren, die alleine genug Stoff für einen Bestseller liefern könnte.

Einige der eigenen Fehlleistungen wurden später durch professionelle Überarbeitungen korrigiert. In dem Maße wie sich unsere finanzielle Situation verbesserte und mein Zeitbudget die Eigenleistung zurückdrängte, wurden die weiteren Schritte mit sehr viel Bedacht und handwerklichem Können bis auf den heutigen Stand gebracht. Vor ein paar Jahren stand sogar das Denkmalamt vor der Tür und wollte das Haus unter seinen Schutz stellen. Es hat mich einige Überzeugungsarbeit gekostet, den Experten klarzumachen, dass die Fassaden keinen erhaltenswerten Stil in reiner Form präsentieren. Seit etwa fünf Jahren ist die Bauphase beendet. Seitdem habe ich manchmal das Gefühl, mir würde etwas fehlen.

Vom Ursprung her handelte es sich bei unserem Schmuckstück um ein Mehrfamilien- oder Mehrgenerationenhaus. Heute befinden sich darin mein Büro und unsere Wohnung. Dabei ist das Haus für eine einzige Familie schon üppig groß. Seitdem unsere zwei Kinder mittlerweile ihr eigenes Leben weit weg führen, ist es für ein älteres alleinstehendes Ehepaar geradezu unverschämt riesig. In einigen Räumen bin ich wohl schon seit einigen Wochen nicht mehr gewesen. So leisten wir uns den Luxus eines Malateliers, eines Fitnessraumes sowie von ein bis zwei Gästezimmern mit einer allerdings äußerst geringen Auslastungsquote.

Freunde raten uns, doch durch Umbaumaßnahmen ein Stockwerk als Mietwohnung herzurichten. Aber ich muss eingestehen, dass ich vom Typ her weder Vermieter noch Mieter bin. Bis auf die wilden WG-Jahre habe ich praktisch immer in einem Einfamilienhaus mit einem Garten herum gelebt. Daraus hat sich die Einstellung verfestigt, den Kontakt zu anderen Menschen auf ein Maß zu beschränken, das ich selbst steuern kann. Mir ist schon bewusst, dass die Art zu wohnen in Zeiten von exzessivem Flächenverbrauch und Energieknappheit nicht gerade politisch korrekt ist. Aber das ganze Leben besteht doch irgendwie aus Kompromissen und Konzessionen.

Andererseits ist die gegebene Wohnsituation objektiv betrachtet für zwei Menschen am Beginn des Seniorendaseins nicht wirklich zukunftsfähig, sicherlich noch viel weniger für den oder die Übrigbleibende(n). Sie ist schlicht überdimensioniert. Dazu kommen noch die damit verbundenen Kostenentwicklungen. Für einen neuen Fassadenanstrich könnte man wahrscheinlich in Afrika ein ganzes Dorf mit Strom und Wasser versorgen. Und für eine Badrenovierung nach Hannas stilsicherem Geschmack kann unser Freund in Indien ein komplettes Haus bauen, mit zwei Bädern.

Auch ist an die Arbeiten zu denken, die zwangsläufig mit einer solchen Immobilie verbunden sind. Noch verbringt Hanna einen großen Teil der Schulferien begeistert damit, unseren Garten ihren eigenen Vorstellungen entsprechend zu stylen. Nach einem stillschweigenden Übereinkommen bin ich nur für die niederen Tätigkeiten des Rasenmähens und Heckeschneidens zuständig, und das auch nur in ziemlich großen Abständen. In letzter Zeit höre ich aber häufiger von ihr, dass ihr das alles langsam über den Kopf wachse und ihr nach kurzer Gartenarbeit der Rücken schmerze. Sie besitzt deshalb jetzt ein Kniepolster und bearbeitet die Beete in Schonhaltung. Außerdem haben diverse elektrische Gartenhelfer den Weg zu uns gefunden.

In dieser Situation stellt sich also die Frage, wie wir denn in Zukunft wohnen möchten. Für unsere Freunde scheint dabei unfassbar, dass wir auch die Option des Verkaufs unseres Hauses nicht ausschließen. Mir persönlich würde es nicht so viel ausmachen, mich von unserem Lebenswerk zu trennen. Mir gehen der gesamte alte Schnickschnack, der verstaubte Stuck und die knarrenden Fußböden schon länger auf den Geist.

Also geht es auf die Suche nach Alternativen. Deutlich kleiner soll es sein, aber doch auch großzügig; möglichst barrierefrei, falls man mal nicht mehr so gut auf den Beinen sein sollte; nicht allzu weit von der Innenstadt, aber doch auch in ruhiger Lage, trotzdem mit guter Anbindung an den öffentlichen Nahverkehr. Die Nähe zu anderen Menschen wäre auch nicht schlecht, aber man sollte sich auch nicht zu sehr auf den Pelz rücken. Ein Garten soll schon dabei sein, aber bitte schön ein pflegeleichter. Außerdem sollte eine Sauna dazugehören und ein nicht zu kleines Gästezimmer, falls die Kinder oder Freunde mal zu Besuch kommen und am besten auch noch eine Tiefgarage. Das Ganze sollte nach Möglichkeit aber nicht zu teuer sein, damit vom Verkaufserlös unseres jetzigen Hauses noch einiges übrig bleibt, das man bei sinkender Altersversorgung noch in Muße verbraten könnte. Kurz und gut: Was wir uns vorstellen, gibt es im Prinzip nicht. Dennoch sind wir auf der Suche danach.

So haben wir an manchem Wochenende diverse Wohnprojekte besichtigt, die alle irgendwie mit dem Thema „Wohnen im Alter" im Zusammenhang stehen. Dabei ist mir aufgefallen, dass eine völlig neue und eigenständige Bausparte entstanden ist: das altengerechte Wohnen. Ganz offensichtlich geht der Trend unter dem Diktat des demografischen Wandels wieder zurück in die Innenstädte. Jedenfalls ist ein deutlicher Verfall der Preise für das Reihenhaus am Stadtrand festzustellen, und gleichzeitig beginnt in schon leicht verkommenen Innenstadtvierteln auf einmal eine rege Sanierungstätigkeit. Bauträgergesellschaften kaufen alte Fabrikgebäude oder mit billigen Wohnungen belegte Altbauten auf und machen daraus teure und ganz offensichtlich sehr gefragte Wohnungen für betuchte Jungsenioren. Dieser Bereich scheint wirklich zu boomen.

An anderer Stelle entstehen neue Wohnblocks unter dem Etikett „Senioren-Wohnanlage". Die meist geschmacklos bunt angemalten

Außenfassaden sollen wohl den Eindruck von modernen Krankenanstalten vermeiden, was allerdings nur unvollkommen gelingt. Diese Konzepte verwechseln die Wohnvorstellungen Älterer mit den Bedürfnissen für Menschen mit aussetzenden Körperfunktionen. Im Parterre befinden sich deshalb immer mindestens eine Apotheke, ein ambulanter Pflegedienst, Essen auf Rädern, ein Fußpflegeinstitut und ein Windelservice. Auf mehreren Stockwerken darüber liegen die Zwei- bis Drei-Zimmer-Wohnungen, ausgestattet mit behindertengerechten Badezimmern, Küchen mit abgesenkten Hochschränken und Alarmknöpfen in jedem Raum. Dazu kommt meistens ein Balkon in der Größe, dass man zu zweit darauf klaustrophobische Gefühle entwickelt. Das schwarze Brett in der Eingangshalle verspricht ein vielfältiges Kulturprogramm mit Kanasterabenden, Makramee für Fortgeschrittene oder Exkursionen zu den Barockkirchen im Rheinland. Nein, das kann im Augenblick wirklich noch nicht die Alternative sein. Die können mit solchen Angeboten vielleicht in zwanzig Jahren noch mal bei uns anfragen.

Alternativ bieten sich Bauprojekte an, die unter dem Begriff „Mehrgenerationen-Haus" oder „Gemeinschaft unterschiedlicher Generationen" antreten. Neben separaten Eigentumswohnungen gibt es dabei Gemeinschaftsräume wie Wasch- und Trockenräume, Sauna, Fitnessräume und andere Plätze für gemeinschaftliches Handeln. Die einzelnen Haushalte sollen in ihren verschiedenen Lebensabschnitten und ihren unterschiedlichen Funktionen füreinander da sein und sich ergänzen. Was früher einmal innerhalb einer Familie möglich war, nämlich dass zwei bis vier Generationen unter einem Dach lebten, soll dabei ersatzweise mit fremden Menschen funktionieren. Wenn die eigenen Kinder nicht mehr mit den Eltern zusammenleben wollen, so adoptiert man sich eben Ersatzkinder und Enkel dafür. Aus meiner eigenen Kindheit weiß ich noch, mit welch unterschiedlichen Verhaltensweisen und Vorlieben im täglichen Leben und daraus abgeleiteten Animositäten das Zusammenleben von Eltern und Großeltern belastet war. Ich kann mir nur schlecht vorstellen, dass das, was innerhalb der engsten Verwandtschaft nicht funktioniert, mit einer mehr oder weniger nach dem Zufallsprinzip zusammengewürfelten Gruppe besser klappen sollte.

Und das mit kleinen Kindern ist auch so eine Sache. Ich würde mir schon wünschen, mal mit den eigenen Enkelkindern zu spielen und sie auch mal zu versorgen – für eine überschaubare Zeit. Bisher haben mir, ich kann wohl sagen – uns, die eigenen Kinder den Gefallen ja noch nicht getan. Sie glänzen da durch strikte Passivität, was ich durchaus nachvollziehen kann. Aber in einer solchen Wohnanlage durch das Geplärre fremder kleiner Kinder ständig genervt zu werden, will ich mir auch nicht antun. Da gerät man schnell in den Verdacht, ein intoleranter Kinderhasser zu sein. Dabei braucht man nur mal mittags ein Stündchen Ruhe.

Die dritte Möglichkeit ist die gehobene Alten-WG. Ein norddeutscher Ex-Politiker zieht seit geraumer Zeit durch die Talkshows der Fernseh-Republik und verkündet dem staunenden Volk, wie glücklich er mit anderen Alleinstehenden und Paaren gleichen Alters in einer Wohngemeinschaft zusammenlebt. Je nach Geldbeutel gibt es schon Angebote von unterschiedlicher Größe und Güte, von der Fabrikantenvilla bis zum umgebauten Bauernhof. Auch hier hat jeder seinen Rückzugsraum mit einer eigenen Wohnung. Dazu gibt es wie im vorhergehenden Modell wieder die Räume für gemeinsame Aktivitäten. Ich kenne Leute, die schon seit Jahren wöchentliche Treffen mit Gleichgesinnten organisieren, um sich auf ein gemeinsames Wohnen im Alter vorzubereiten und entsprechende Projekte langfristig vorbereiten.

Persönlich denke ich da an meine WG-Erfahrungen als Student zurück. Im Gedächtnis geblieben ist dabei, dass niemand abwaschen und aufräumen wollte. Und wenn man sich mal ernsthaft ans Arbeiten begeben wollte, kam immer jemand anderes, der gerade Weltschmerz hatte und einen Partner zum Saufen benötigte. Die meisten Wohngemeinschaften sind dann in Disharmonie irgendwann auseinandergebrochen. Sicherlich sind die Bedingungen für gemeinsames Wohnen heute andere. Dennoch weiß man nicht, ob wir in der Zwischenzeit weiser, gelassener und toleranter geworden sind oder ob der einsetzende Altersstarrsinn genau das Gegenteil bewirkt hat.

Vor ein paar Jahren haben wir mal Urlaub in Spanien gemacht. Ein Bekannter hat uns sein Reihenhaus in einem „pueblo alemán" zur Verfügung gestellt, in dem hauptsächlich gut situierte deutsche Frührentner lebten. Da fing das kollektive Saufen schon zum Frühstück an, und die Mehrzahl der mehr oder weniger glücklichen Bewohner sah die Sonne nicht mehr untergehen. Tendenziell bin ich deshalb wohl eher skeptisch, dass das auf Dauer gut gehen kann.

Und jetzt? Was bleibt also an Alternativen? Entweder alles bleibt beim Alten, oder wir bauen noch einmal neu, nur den zukünftigen Ansprüchen angepasst. Im Augenblick übt diese Alternative den größten Reiz auf mich aus. Endlich mal wieder „Action", neue Ideen umsetzen, etwas nach eigenen Vorstellungen gestalten. Zwar protestieren die Kinder heftig, wenn wir diese Möglichkeit mal andeuten. Sie hängen noch zu sehr an ihren Kindheitserinnerungen. Aber die Wahrscheinlichkeit, dass sie mal in ihr altes Elternhaus dauerhaft zurückkommen werden, scheint so gering wie Fortuna Düsseldorf als deutscher Fußballmeister. Noch ist die Zeit nicht reif für ein solches Projekt, aber ich bin sicher, sie wird noch kommen.

Ziel soll es dabei sein, in der vertrauten Umgebung von Freunden und Bekannten zu bleiben, aber die Wohn- und damit vielleicht auch die Lebenssituation zu entrümpeln. Weg mit all dem

Kram, den man in mehr als dreißig Jahren so angesammelt hat, den man größtenteils nicht mehr braucht, vielleicht noch nie gebraucht hat oder den man nicht mehr mag! Mir schwebt da so ein einfacher Luxus vor, klare geometrische Formen, viel Glas, intelligente Haustechnik, wenige aber formschöne Möbel, die Fokussierung auf das Wesentliche. Ich bin sicher, da kommt noch eine spannende Zeit auf uns zu.

Selbstverwirklichung

Aus meinem Studium ist mir noch die Motivationstheorie von Maslow in Erinnerung geblieben. Die Vorstellung der Bedürfnispyramide mit der Hierarchie verschiedener Bedürfnisebenen ist bei der Beurteilung der Existenzbedürfnisse logisch und nachvollziehbar. Wenn mir kalt ist oder ich Hunger habe, interessiere ich mich nicht sonderlich für das Erlernen zum Beispiel der finnischen Sprache, es sei denn, das Finnische würde mir helfen, etwas zu essen zu finden. Auch leuchtete mir noch ein, dass mir das schöne Haus und der große Garten mehr Spaß machen, wenn ich auch gute Freunde habe, die darin mit mir Feste feiern wollen.

Aber mit der obersten Bedürfniskategorie, dem vermeintlichen Wunsch nach Selbstverwirklichung, konnte ich lange Zeit nichts wirklich anfangen. Das Leben musste doch ausreichend schön sein, wenn man entsprechend dem Sparkassen-Slogan sagen konnte: „Mein Haus, mein Boot, meine Pferdchen." Die Spitze der Bedürfnispyramide schien mir so ein Luxus exzentrischer Spinner zu sein, der mit den Lebensinhalten normaler Menschen nichts zu tun hat.

Wie gesagt, das waren die Vorstellungen über die menschlichen Bedürfnisse, die ich aus meinem Studium mit in das wahre Leben hinübergenommen habe. Das meiste, was man sich damals mühsam angeeignet hat, war sowieso überflüssig und deshalb denkt man später auch nicht mehr darüber nach.

Ich behaupte heute von mir, dass ich ein ganz zufriedener Mensch bin. Ich habe genug zu essen und ein Dach über dem Kopf, im Winter eine warme Heizung und genügend Geld, mir hin und wieder eine neue Jacke zu kaufen. Als Freiberufler habe ich den Mechanismus verinnerlicht, dass der Wohlstand weitgehend vom eigenen

Tatendrang und der eigenen Kreativität abhängt, das heißt, wenn ich faul herumhänge, verdiene ich auch nichts. Mittlerweile halte ich das auch für fair und gerecht. Ich finde, ich verdiene ausreichend. Das bedeutet, es reicht, um mir die kleinen Wünsche problemlos zu erfüllen, es ist aber auch nicht so viel, dass ich mich über das Besondere nicht mehr freuen könnte, weil alles selbstverständlich wird.

Ich bin in der glücklichen Lage, selbst zu entscheiden, ob ich durch mehr Arbeit auch mehr Geld haben möchte – möchte ich aber eigentlich nicht mehr. Ich habe eine Frau, mit der ich harmonisch zusammenlebe und zwei Kinder, bei denen das Ergebnis unserer Erziehungsbemühungen uns durchaus mit Freude und Zufriedenheit erfüllt. Wir haben eine Menge Freunde, mit denen wir einen großen Teil der Freizeit verbringen. Allerdings habe ich festgestellt, dass die meisten Freundschaften schon ziemlich alt sind und nur wenige neue, die man wirklich auch so bezeichnen kann, dazugekommen sind. Dazu bin ich ganz gesund und fühle mich fit. Mir ist schon sehr bewusst, dass ich mich in komfortablen Lebensumständen befinde. Also könnte ich eigentlich wunschlos glücklich sein.

Na ja, nobody is perfect. An mir hat mich schon immer gestört, dass meine musischen Fähigkeiten unterentwickelt sind. Das ist eigentlich noch extrem geschönt formuliert, ich hatte immer das Gefühl, das künstlerische Gen ist in meinem Körper ein Totalausfall. Über meine musikalische Früh-Traumatisierung habe ich schon an anderer Stelle berichtet, aber am Gymnasium ging das so weiter: Sport gut, Musik und Kunst tendenziell ungenügend. Was man nicht kann, macht keinen Spaß und deshalb kann man sich auch nicht weiterentwickeln. Das ist ein Abwärtssog, der im Nichts endet.

Wie habe ich die Typen beneidet, die Klavier spielen konnten, sich einfach so ans Piano setzten und losspielten oder die sich trauten, „Yesterday" einfach mal gerade so zu singen. Das kam natürlich auch immer gut bei den Girls an. Da ist schon was dran: „Wer Klavier spielt, hat Glück bei den Frauen." Damit konnte ich beim besten

Willen nicht punkten. Dabei hatte ich durchaus Spaß an Musik, hatte eine Menge an Platten und habe mir während des Studiums große Teile meines Examenswissens mit Hintergrundmusik vermittelt.

Später entdeckte ich meine spezielle Liebe zum Saxofon. Bei den Crusaders oder dem Background-Saxofon von Tina Turner setzten bei mir hormonelle Veränderungen ein. Bei voller Lautstärke entstand so ein Kribbeln im Unterbauch, das sich bis ins Geschlecht fortpflanzte. Gleichzeitig verkrampfte sich die rechte Hand zu Faust und begann rhythmisch auf den Oberschenkel zu schlagen. Hatte ich etwa doch so etwas wie Taktgefühl?

Ich war wohl schon jenseits der vierzig, als ich mir unter gutem Zureden von Hanna ein Tenor-Saxofon kaufte. Für einen Nullkönner wie mich war das zunächst ein großes, glänzendes Blechteil mit einer unüberschaubaren Zahl von Knöpfen und Klappen. In der Folge verschliss ich drei bis vier Musiklehrer, die sich vergeblich mit mir abmühten. Die träumten alle von der eigenen Karriere, mussten sich aber zum Überleben mit einem musikalischen Analphabeten wie mir über Wasser halten. Das war keine gute Grundlage für mein Fortkommen. Aber zugegebenermaßen war das auch nicht so einfach mit mir. Dann traf ich Martin. Der hatte das richtige Gefühl, mich dort abzuholen, wo ich stand, nämlich auf der Stufe seiner anderen Musikschüler, die so zwischen fünf und acht Jahre alt waren. Ihm gelang es, mich so zu motivieren, dass ich auf meine kleinsten Fortschritte stolz war. Und ein Erfolg war es für mich, wenn mir fehlerfrei „Summ, summ, summ, Bienchen summ herum" gelang. Auch wurde mir so zum ersten Mal in meinem Leben die Funktion von Noten in der Musik klar.

Im häuslichen Keller richtete ich mir einen schalldichten Übungsraum ein und verbrachte dort so manchen langen Abend. So nach zwei bis drei Jahren war ich so weit, dass ich ein gewisses Repertoire fehlerfrei vom Blatt spielen konnte. Am besten gelang mir dabei nach eigener Einschätzung „Tulpen aus Amsterdam", aber nach Hannas Meinung war das höchstens geeignet, die Kaninchen aus dem Garten zu vertreiben. Martin wollte mich dann in eine Feuerwehrkapelle vermitteln. Leider ist es zu diesem Schritt nie gekommen. Ich habe wohl vermutet, ich müsste dann auf Feuerwehrfesten in Uniform auflaufen. Heute steht das Saxofon als Staubfänger ungenutzt im Wohnzimmer. Aber bereut habe ich den Ausflug in die Musik nie.

Wir haben seit vielleicht zwanzig Jahren ein Theaterabo, und im Urlaub interessiere ich mich für Architektur und Kunst in anderen Kulturen – ernsthaft, jedenfalls manchmal. Ich lese drei bis vier Bücher im Jahr und regelmäßig die Zeitung, früher die TAZ, heute die Süddeutsche, und manchmal lese ich auch das Feuilleton. Unter der unsichtbar lenkenden Hand meiner Frau wurde ich langsam an die bildenden Künste herangeführt. Sie schleppte mich in Kunstausstellungen und Museen. Ich bin mittlerweile in der Lage, Impressionismus von Expressionismus zu unterscheiden und Warhol von Lichtenstein. Die Poster an den Wänden wurden so nach und nach durch Originale ersetzt.

Mit der modernen Kunst ist das ja so eine eigene Sache, insbesondere wenn es um die Kunst in den eigenen vier Wänden geht. Aber ich habe schon ein ganz gutes Händchen entwickelt, Kunst zu erwerben, die zu unserem Lebensstil passt.

Ist die Einrichtung unserer Wohnung weitgehend eine Gemeinschaftsleistung von Hanna und mir, so ist die Gartenarchitektur ihre eigenständige Domäne. Unser Garten entspricht eher einem naturnahen Landschaftsgarten, mit großen Bäumen, Hecken und einer Menge von Blumen. Dazwischen befinden sich Wiesenflächen. Hannas Arbeit besteht darin, gewollte von ungewollter Natur zu trennen und die nicht erwünschten Teile zu entfernen. Dann sorgt sie dafür, dass über die gesamte Wachstumsperiode von Frühling bis Herbst immer wieder neue Blumen zum Blühen gelangen, im ständigen Kampf mit unterirdischen Nagern, die die schönsten Sorten zu ihrer Nahrungsgrundlage erklärt haben. Mein Anteil an der Gartengestaltung beschränkt sich auf die Grobmotorik. Das bedeutet, ich fälle mal einen Baum oder setze ein paar große Sträucher an eine andere Stelle.

Diese Arbeitsteilung begann zu erodieren, als ich vor ein paar Jahren in der Toskana in einem ziemlich verwahrlosten Trödelladen im Hinterhof die Reste eines halbantiken Tuffsteinbrunnens entdeckte. Ich war davon sofort begeistert und kaufte das Teil für einen Schnäppchenpreis. Mit der Hilfe eines meiner Klienten gelangte das Teil mit ungewöhnlicher Logistik auf einem LKW zwischen Salami und Parmaschinken in unseren Garten. Hannas anfängliche Skepsis legte sich schnell, als es mir gelang, die einzelnen Teile mit einer modernen Technik zu versehen und dem Ganzen als einem schönen Springbrunnen zu neuem Leben zu verhelfen.

Damit war eine Fährte für ein neues Betätigungsfeld gelegt. Ich entwickelte nämlich die Idee, mehr Kunst in den Garten zu bringen. Mir schwebte ein Skulpturengarten vor. Aber das war nicht so einfach. Ich wollte nicht die Aphrodite in Betonguss aus dem Baumarkt oder deutsche Zipfelmützenromantik. Was ich fand, war entweder kitschig oder zu teuer. Die Erleuchtung kam mir dann auf einer dieser Schlossgarten-Ausstellungen, die in den letzten Jahren mächtig in Mode gekommen sind. Da bot jemand Holzskulpturen an, recht grob bearbeitet, aber doch pfiffig gemacht. Das gefiel mir, aber der Künstler wollte einen meiner Meinung nach unverschämten Preis dafür haben. In diesem Augenblick beschloss ich: So etwas mache ich selbst.

Im Garten fand ich den Stamm einer alten Essigpalme, ein Glücksgriff für mein Vorhaben, wie sich später herausstellte. An den nächsten Abenden begann ich, mit Hammer und diversen

Holzbeiteln einen Kopf aus dem Stamm herauszuarbeiten. Es sollte eigentlich die Darstellung unserer Tochter Nora werden. Das gelang nicht unbedingt, hat jedenfalls niemand richtig zugeordnet. Aber alle Familienmitglieder fanden das Ergebnis richtig gut, jedenfalls äußerten sie sich mir gegenüber so. Ich habe dann so drei bis fünf verschiedene Holzskulpturen hergestellt und habe einen ganzen Sommer über meine Freizeit damit verbracht. Die Ergebnisse wurden in meinen Augen immer besser. Freunden erzählte ich, die Arbeiten hätte ich bei einem vielversprechenden Nachwuchskünstler günstig erstanden. Die haben mir das auch ohne weitere Nachfragen abgekauft. Einer fragte allerdings mal nach der Adresse. Das hat mir einerseits durchaus geschmeichelt, aber ich habe mich dann doch irgendwie rausgeredet. Zu meinem Beruf wollte ich diese Tätigkeit denn doch nicht machen.

Als Bildhauer willst du was Unvergängliches schaffen, also begann ich, in Stein zu arbeiten. Hanna besorgte mir aus ihrer Heimat münsterländischen Sandstein. Die Bearbeitung des Steins war eine tolle Materialerfahrung, allerdings auch für unsere Nachbarn. Nach ein paar Wochen kam eine alte Dame aus der Nachbarschaft und erkundigte sich, wie lange unsere Renovierungsarbeiten denn noch dauern würden. Ich habe die künstlerische Tätigkeit dann in die Garage verlegt. Auf diese Weise sind verschiedene Werke entstanden, die diverse Winkel unseres Gartens zieren, vom weiblichen Torso bis zur geometrischen Abstraktion.

Im letzten Jahr schenkte mir Hanna zum Geburtstag die Teilnahme an einem Bildhauer-Workshop im Teutoburger Wald. Da habe ich dann eine Woche lang täglich sechs bis acht Stunden auf Steinen herumgeklopft. Das war eine tolle Sache, wobei ich erfahren konnte, dass es eine Menge Gleichgesinnter gibt, Männer jenseits der fünfzig, die das Bildhauern für sich entdeckt haben. Hanna hat mir nach den begeisternden Rückmeldungen angedroht, im nächsten Jahr würde sie einen Wellness-Urlaub in Abano Terme machen. Sie würde mir zeitgleich einen Marmor-Workshop in Carrara schenken. Ich selber denke eher über eine Bronze-Arbeit nach. Das wäre eine echte Herausforderung und würde mich ein Stück unsterblich machen.

Ausstieg — aber wann?

Langsam rollt die Welle der Sechziger-Geburtstage heran. Mittlerweile betrachte ich es schon als eine Auszeichnung, auch noch zu Vierziger- und Fünfziger-Feiern eingeladen zu werden. Das zeigt, dass ich bei Leuten noch nicht als altersvertrottelt aussortiert werde, die zehn bis zwanzig Jahre jünger sind. Neulich war ich auf der Geburtstagsfeier meines alten Freundes Luciano. Der wurde erstaunlicherweise schon siebzig, was ihm aber niemand anmerkt. Es liegt vermutlich daran, dass er aus Italien stammt und neben der Muttermilch von klein auf an viel Olivenöl und Rotwein zu sich genommen hat. Vielleicht hilft mir ja diese mediterrane Lebensweise auch, den Alterungsprozess noch hinauszuschieben. Aber Fakt bleibt, dass die sechzig näherrückt.

So ein typischer sechzigster Geburtstag ist eine große Party, bei der man das Gefühl hat, da will jemand eine Bestandsaufnahme seines bisherigen Lebens machen. Die Mehrzahl der Gäste befindet sich im gleichen Alter wie der Jubilar und kennt diesen auch schon seit mindestens dreißig Jahren. Manche laden auch Leute ein, die sie schon seit Jahrzehnten nicht mehr gesehen haben; machen so eine Art Vergangenheitsbewältigung. Auf einem solchen Sechzigsten hatte es die Angetraute in dieser Hinsicht besonders gut machen wollen und sämtliche verflossenen Liebschaften ihres Mannes zu der Feier eingeladen, jedenfalls diejenigen, von denen sie etwas wusste. Fünf ältere, zum Teil aber durchaus noch knackige Damen mit Anhang und auch ohne waren tatsächlich der Einladung gefolgt. Aber irgendwie wirkten sie trotz der Bemühungen von allen Seiten um Lockerheit doch als Fremdkörper in der Runde. War nach meinem Geschmack irgendwie 'ne peinliche Veranstaltung. Auf einer anderen Geburtstagsparty hatte ich das Gefühl, es wären nur alte Leute dort. Hanna war allerdings der Meinung, dass die wohl alle so in unserem Alter waren.

Wesentlicher Bestandteil einer solchen Geburtstagparty ist neben einem italienischen Buffet, bei dem Diabetes und Cholesterin mal für einen Abend außen vor gelassen werden, das Musikprogramm. Da spielt dann meistens eine Band, deren Mitglieder etwa dem gleichen Jahrgang angehören wie der Jubilar. Die Seniorenrocker versuchen das nicht zu übersehende Alter durch große Hüte und lange aber schon etwas ausgedünnte Haare wie vor dreißig Jahren mehr oder weniger geschickt zu kaschieren. Man kann sicher sein, dass einer dieser bad boys ein graues und etwas mickriges Pferdeschwänzchen trägt. Da wird dann „Born to Be Wild", „We Will Rock You" und „I Can Get No Satisfaction" gespielt, so dass es keinen auf den Sitzen hält. Dabei ist das Hemd schnell durchgeschwitzt, besonders, wenn die Jungs auch noch in die fünfziger Jahre einsteigen, mit Jerry Lee Lewis, Johnny and the Hurricanes oder Little Richard. Zwischendurch braucht man mal 'ne etwas längere Tanzpause, die Kondition ist doch nicht mehr so wie früher.

Da landet man dann vor der Theke. „Wie lange machst du denn noch?", ist die übliche Gesprächseröffnung unter alten Freunden, die sich alle paar Jahre bei solchen Anlässen mal wieder treffen. Dabei muss der Hintergrund der Frage nicht weiter erläutert werden. Jeder weiß, dass nach dem letzten Arbeitstag gefragt wird. Ich habe das Gefühl, die Frage nach dem Berufsausstieg ist die am meistens diskutierte so im Alter ab fünfundfünfzig, und zwar diesmal unabhängig vom Geschlecht, allerdings nicht unabhängig von der bisherigen Tätigkeit.

Den heftigsten Wunsch nach frühzeitiger Pensionierung haben ganz offensichtlich die Beamten. Und davon gibt es in unserer Generation verdammt viele. Als in den siebziger Jahren noch viel Geld in den öffentlichen Kassen war, setzte die Aufblähung des öffentlichen Dienstes ein. Das war die Zeit unseres Berufseinstiegs. Trotz Berufsverboten und Gesinnungstests zur Einstellung gegenüber der „freiheitlich demokratischen Grundordnung" haben es viele von uns späten Achtundsechzigern geschafft, Staatsdiener zu werden. Und die wollen heute alle möglichst schnell wieder raus. Am meisten trifft das auf die Lehrer zu, die kollektiv ab fünfzig auf ein ausgeprägtes Burn-out-Syndrom zusteuern. Das äußert sich dann in permanenter Migräne, Tinnitus, psychosomatisch bedingten Rheumatismen oder von Alkoholismus begleiteten Depressionen, also insgesamt Befunden, die nach dem gegenwärtigen Stand der Medizin nur unzulänglich nachweisbar sind. Nierensteine oder Herzklappenfehler sind für eine vorzeitige Pensionierung völlig ungeeignet.

Als Außenstehender hat man das Gefühl, als ob manche Pädagogen den größten Teil ihrer Arbeitszeit und Denkleistungen ab fünfzig mit der – manchmal computergestützten – generalstabsmäßig geplanten, vorzeitigen Ausstiegsvorbereitung verbringen. Nach einer langjährigen Leidenszeit mit unzähligen, in der Regel aber erfolglosen Therapien ist so zwischen fünfundfünfzig und zweiundsechzig der mit guten Pensionen ausgestattete letzte Arbeitstag dann erreicht.

Danach allerdings trifft häufig eine unerklärliche Revitalisierung ein, die den Pensionär zu neuen, unerwarteten Höchstleistungen befähigt. Studiendirektor Uwe, der aufgrund seines ausgeprägten Rheumas nicht mehr in der Lage war, sechs Stunden Unterricht stehend oder sitzend durchzuhalten, schaffte es nach seiner Pensionierung zum einunddreißigsten Juli im Herbst desselben Jahres Marathonläufe in Köln, Berlin und auf Norderney erfolgreich zu bestehen. Und das völlig schmerzfrei.

Für Nicht-Betroffene ist es der absolute Partykiller, wenn sich an der Theke ein paar Lehrer treffen und auf 'nem Bierdeckel das Blockmodell der Altersteilzeit gegen die frühzeitige Pensionierung aufgerechnet wird oder die Verrechnungsformel für Teilzeitbeschäftigte. Wichtigster Ansatz all dieser Überlegungen ist immer, wie man möglichst frühzeitig ausscheiden kann und gleichzeitig möglichst wenig an Pensionsansprüchen verliert. Was da alles an ausgefuchsten Tricksereien diskutiert wird, nährt durchaus die Vorbehalte der Restbevölkerung gegenüber dem deutschen Beamtentum. Fairerweise muss ich hinzufügen, dass eine Mehrheit von Bankangestellten in gehobener Position oder Managern durchaus ähnliche Ausstiegsszenarien anstrebt, wobei die Hängematte dort allerdings noch dicker ausgepolstert ist.

Nach genauerer Beobachtung kann ich feststellen, dass wohl nur bei drei Berufsgruppen der Antrieb in die vorzeitige Altersruhe nicht so stark ausgeprägt ist. Da sind zunächst die Politiker. Ich kenne da ein paar ganz gut, vom Stadtrat und Dezernenten bis zum Bundestagsabgeordneten, hauptsächlich von SPD und Grünen. Diplom-Soziologen und Politologen sind vor etwa dreißig Jahren nach Beendigung des Studiums mangels Alternativen manchmal in der SPD gelandet, meistens trotz einer Diplomarbeit mit dem Thema: „Kubas Weg in den Sozialismus". Die hatten im Prinzip nichts Verwertbares gelernt aber eine große Klappe. Mit der sind sie den Marsch durch die Institutionen angetreten. Mit Hilfe von Partei, Gewerkschaft, später auch Schützenverein und diversen Beiräten von Stadtwerken und Kommunalbanken bis zur ehemals vehement bekämpften Großindustrie hat man sich im Klüngel (neuhochdeutsch: Networking) bis zum kommunalen Spitzenbeamten oder parlamentarischen Hinterbänkler hochgedient. Und da sitzt man jetzt, hält sich selbst für den Größten und fürchtet nichts mehr als von diesem komfortablen Thron gestoßen zu werden.

Interessant ist auch die Entwicklung der Mitglieder der Grünen in diesem Zusammenhang. Während die linken Karriereristen zur SPD gingen, gründeten die echten Idealisten ihre eigene Partei. Für die anderen waren sie in der Politik zunächst die Schmuddelkinder, mit denen niemand spielen wollte. Die mussten am Anfang ihrer politischen Karriere echt leidensfähig sein. Von den Etablierten wurden sie geächtet, und die Diäten durften sie auch noch ganz freiwillig an die eigene Partei abgeben, bis auf den letzten Pfennig. Dazu mussten die weich gespülten Kerle auf Parteitagen öffentlichkeitswirksam Wollsocken oder bunte Ringelpullover stricken und gegen die eigenen Interessen die Frauenquote für zickige Emanzen durchpauken. Ich darf mir das Recht nehmen so zu sprechen, denn ich habe zeitweise selbst dazugehört.

Diejenigen, die bei den diversen Richtungskämpfen und Abspaltungen letztlich immer auf der richtigen Seite standen, haben es dann so ab Anfang der Neunziger bis an die Tröge der politischen Macht geschafft. Da gab es dann plötzlich jede Menge einflussreicher und auch gut dotierter Positionen, für die nur eine begrenzte Zahl von halbwegs vorzeigbaren Leuten verfügbar war. Der Rest der Gründungsväter hatte sich zwischenzeitlich weniger frustrierenden Tätigkeiten zugewandt. Und da war plötzlich auch Schluss mit den alternativen Prinzipien. Hatte man aus der Distanz zur Macht noch das Mandat auf Zeit (Rotationsprinzip hieß das mal) als wesentliches Element einer neuen politischen Kultur propagiert, so wollte man davon plötzlich nichts mehr wissen und nuschelte etwas von der Notwendigkeit zur Professionalisierung. Wer als Grüner bis dahin gekommen ist, klebt heute genauso an den Ledersesseln wie die Soziologen aus der SPD, die Lobbyanwälte aus der F.D.P. oder die CDU-Landwirte.

Zusammenfassend kann festgestellt werden, dass Politiker generell über ein ausgeprägtes Selbstbewusstsein verfügen. Damit halten sie sich und ihre Tätigkeit für praktisch unfehlbar und unersetzlich, wenn auch im verobjektivierenden Sinne Handlungen mit Veränderungscharakter eher selten von ihnen ausgehen. Man definiert sich über den vollen Terminkalender, die Zahl der öffentlichen Auftritte oder die Menge der Speichellecker, die hoffen, mit den erlangten Protektionen ihr persönliches Süppchen kochen zu können. Das alles plötzlich aufzugeben, bedeutet, in ein tiefes Identitätsloch zu fallen. Die Angetrauten (meistens handelt es sich schon um die Zweit- oder Drittfrau) wären wahrscheinlich auch kaum begeistert, einen solchen Politjunkie auf Entzug den ganzen Tag um sich zu haben.

Da wird dann wie in alten Zeiten auf den Parteiversammlungen die schon verstaubte Trickkiste noch einmal geöffnet und die entscheidende Abstimmung bis auf zwei Uhr nachts hinausgezögert, um für die nächste Legislaturperiode ein letztes Mal ein Mandat zu ergattern. Auf diese Weise kann dann auch eventuell noch das eine oder andere auf die Schiene geschoben werden, um schon am eigenen Nachruf zu basteln.

Ebenfalls ohne Interesse am vorzeitigen Ruhestand ist die Berufsgruppe der Hochschullehrer. Auch dafür mag es eine Fülle von Gründen geben. Einer davon ist, dass das Berufsleben eines Professors bei uns erst in einem Alter beginnt, wo in anderen qualifizierten Tätigkeiten bereits wegen vermeintlicher Überalterung die Axt angesetzt wird. Das ist in der Regel so um die vierzig der Fall. Davor lag ein häufig zwanzig Jahre dauerndes Martyrium vom Erstsemester über den Hiwi bis zum Privatdozenten, das häufig geprägt war von Hoffnungen und Demütigungen, Erwartungen und Enttäuschungen bis zu temporären Mordgelüsten. Der so genannte Mittelbau der Universitäten bestand und besteht noch immer aus einem akademischen Lumpenproletariat, das alle Erniedrigungen und Ausbeutung freiwillig erträgt und dabei nur von einem einzigen Gedanken motiviert ist: „Ich möchte auch mal Professor sein." Solche Menschen, die meistens eine überdurchschnittliche Intelligenz besitzen und mit dieser in der aktivsten Lebensphase von ihren Ordinarien in einer eher kleinkindlichen Abhängigkeit gehalten werden, müssen bei

Erreichen ihres vermutlich wichtigsten Lebenszieles in einen Zustand von Glückseligkeit verfallen. Die gute Erziehung und das fortgeschrittene Alter verbieten es aber, das auch offensiv nach außen zu tragen. Deshalb sind die meisten Professoren der Generation Fünfzig-plus auch eher bescheidene, fleißige Arbeiter und nette Vorgesetzte und Kollegen.

Sind die akademischen Gipfel erst einmal erklommen, so ist das Leben eines Hochschul-Professors nicht das schlechteste. Bei einem Umfang von Lehrverpflichtungen, der von den meisten eher schamhaft verschwiegen wird, kann man sich den persönlichen Hobbys zuwenden, sei es den akademischen oder den außeruniversitären. Es gibt immer noch jede Menge Di-Mi-Dos, die jede Woche für drei Tage nach Jena, Magdeburg oder Bielefeld zu ihren Unis fahren und dort das Pflichtprogramm absolvieren. Spätestens ab Donnerstag steht man dann dem freien Markt für attraktive Nebentätigkeiten wieder zur Verfügung oder feilt am Golf-Handicap. Beliebt sind auch Forschungssemester, gerne verbunden mit einer Tour zu den amerikanischen Elite-Universitäten. Dabei sollten dann als Nachweis des seriösen Forscherdranges ein paar Veröffentlichung in renommierten Fachzeitschriften herauskommen oder ein Buch. Das mit den fachwissenschaftlichen Büchern ist allerdings so eine Sache, die nach Auskunft meiner akademischen Freunde zweischneidig ist. Einerseits sind sie als bestimmendes Element zum Nachweis der beruflichen Existenzberechtigung unvermeidlich, andererseits ist in den meisten Fällen damit kein Geld zu verdienen. Eine ernsthaft interessierte Zielgruppe für ein solches Werk hat häufig einen Umfang, der auch am Esszimmertisch des Autors Platz finden würde. Da muss man dann die eigenen Studenten schon zum Kauf zwangsverpflichten.

So ab fünfzig hat der Professor dann in der Regel den Idealzustand erreicht, in dem er auf hohem intellektuellen Niveau seinen Beruf zu seinem Hobby gemacht hat oder auch umgekehrt. Dazu kommt, dass der akademische Titel bei den Betroffenen immer noch einen hellen Schein um den Kopf zaubert, d.h. sie genießen ein hohes gesellschaftliches Ansehen. In einer solchen Situation gibt es für die meisten also keinen vernünftigen Grund, freiwillig auf all das zu verzichten. Professoren werden also üblicherweise zwangsemeritiert. Das ist auch so eine Spezialität der Hochschullaufbahn, bei der man nach Eintritt des Rentenalters noch seinen Schreibtisch an der Uni behalten darf, obwohl einen die Nachfolger nicht mehr sehen möchten.

Zu der dritten Gruppe derjenigen, die nicht auf die vorzeitige Beendigung ihrer beruflichen Tätigkeit hinarbeiten, gehöre ich selbst. Da ist die große Schar der so genannten Freiberufler. Wie der Name schon sagt, sind wir weitgehend frei darin, die Bedingungen unserer Berufsausübung selbst zu gestalten. Die meisten von uns haben sich ihre Existenz aus dem Nichts selbst aufgebaut, eine Praxis oder ein Büro eröffnet und Patienten bzw. Klienten gesucht. Wenn man nichts Vernünftiges anzubieten hatte, ist irgendwann keiner mehr gekommen und das Schild wurde abgeschraubt. Wer mit über fünfzig noch dabei ist, hat es auch geschafft. Da hat man sein Auskommen und Einkommen gesichert. Da die Selbstständigkeit auf freiwilligen Entschlüssen beruht, macht den meisten die Tätigkeit auch Spaß. Letztlich ist man nur dann in seinem Job gut, wenn man mit ganzem Herzen dabei ist. Ich kenne da einen Mediziner ganz gut, der ist niedergelassener Facharzt für Proktologie, das heißt konkret, dass er den Leuten in den Hintern schaut und die Hämorrhoiden wegspritzt. Auch der versichert mir glaubhaft, dass ihm seine Arbeit Spaß macht, so nach dem Motto: Jeden Tag eine After-Work-Party. Wenn es mir auch schwerfällt, aber ich glaub' ihm.

Die Freiheit des Freiberuflers besteht auch darin, frei zu entscheiden, wann Schluss sein soll. Im Prinzip gibt es keine Pensionsgrenze und Altersbeschränkung bei der Berufsausübung. Es gibt praktizierende Rechtsanwälte, die gehen auf die hundert zu. Solange es Klienten gibt, die die Dienste eines Greises noch in Anspruch nehmen wollen, steht dem auch nichts im Wege. Wahrscheinlich gehen auch nur achtzigjährige Patienten zu einem achtzigjährigen Arzt, zu dem sie schon seit fünfzig Jahren kommen.

Vor dem freiwilligen Aus gibt es allerdings einiges zu bedenken. Da ist zunächst die Frage nach der Fortführung des eigenen Werkes. Weil die Tätigkeit fest mit der Person des Praktizierenden verbunden ist, endet das Unternehmen faktisch mit der Aufgabe. Manchen Kollegen gelingt es, einen Nachfolger aufzubauen oder die eigene Kundenkartei an einen ehemaligen Wettbewerber zu verscherbeln. Aber eine inhaltliche Kontinuität ist damit meistens nicht verbunden. Die eigenen Kinder kommen als Nachfolger in der Regel auch nicht in Frage, entweder weil sie andere Lebenspläne haben oder weil sie für den Job nicht geeignet sind. Wo das mal versucht wird, entsteht häufig Dauerzoff. Der Alte weiß immer alles besser, und der Junge kann sich nicht entfalten und bleibt immer das Kind im Hause.

Dazu kommt noch die Frage nach dem Danach. Was beinhaltet konkret die Gestaltung des so genannten Ruhestandes? Man könnte da an so eine Art Dauerurlaub denken. Aber bei näherer Betrachtung kann es das wohl nicht sein. Zu zweit alleine ständig durch die Welt zu reisen, macht vermutlich einsam, und man geht sich ziemlich schnell auf den Wecker. Die längst notwendigen Arbeiten am Haus endlich mal durchzuführen, ist wahrscheinlich auch nach ein paar Monaten erledigt. Außerdem will man ja im Alter kein Handwerker mehr werden. Bliebe noch eventuell die Gartenarbeit, aber zu der habe ich schon jetzt keine Lust.

Mich mit mehr oder weniger sinnstiftenden Tätigkeiten hinzuhalten, bis ich dann irgendwann in die Grube falle, nein, dazu habe ich keine Lust. Der Besuch von Vorlesungen zur Entschlüsselung ägyptischer Hyroglyphen an der Seniorenakademie oder die Mitarbeit im Initiativkreis „Unser Stadtteil soll schöner werden" üben auf mich keinen besonderen Reiz aus. Also arbeite ich noch ein paar Jahre weiter, fast so wie bisher. Nur ein bisschen weniger, mehr lustorientiert, an Projekten, die einerseits die gegebene Berufserfahrung erfordern, andererseits ein kreatives Moment beinhalten. Seit einigen Jahren entwickelt sich zum Beispiel eine neue Öko-Szene, die mit der vor dreißig Jahren überhaupt nicht zu vergleichen ist. Da sind gut ausgebildete und sehr zielorientierte Jungdynamiker, die mit durchdachten Konzepten und ausgeprägtem Selbstbewusstsein antreten mit dem persönlichen Ziel, richtig Kohle zu machen. Nebenbei gelingt es ihnen dabei erheblich besser, die Welt zu retten, als das den Müslis der siebziger und achtziger Jahre gelang. Aber es ist nicht so einfach, in meinem Alter von denen akzeptiert zu werden. Ich muss mich da auf eine völlig neue Fachterminologie einlassen.

Hanna hat von der Schule langsam genug. Mit ihren gleichaltrigen Kolleginnen bastelt sie an den Möglichkeiten einer vorzeitigen Pensionierung. Offensichtlich gibt es dabei verschiedene Optionen, so dass dazu bisher noch keine endgültige Strategie erkennbar ist. Vorsichtshalber beteilige ich mich an diesen Diskussionen auch nicht. Hanna ist nämlich der Meinung, dass wir zeitgleich aus dem aktiven Arbeitsleben ausscheiden sollten.

Ich glaube, sie stellt sich vor, dass wir dann morgens gemeinsam walken und nachmittags lesen, alle paar Wochen irgendwo eine viel beachtete Expressionistenausstellung besuchen und ansonsten darauf warten, hoffentlich bald einige Enkelkinder betreuen zu dürfen. Aber, ohne dass ich das bisher ihr gegenüber so deutlich artikuliert habe, das ist mit mir nicht zu machen!

Für den Fall, dass ich mal wirklich meinen Job an den Nagel hänge, habe ich schon ganz andere Pläne im Kopf. Zurzeit denke ich über eine aktive Beteiligung an einer umwelt- und sozialverträglichen Teeplantage in Darjeeling nach, habe da schon alte Kontakte reaktiviert. Letzte Woche dachte ich eher an eine Galerie für afrikanische Skulpturen und seit einem halben Jahr habe ich die detaillierten Pläne für eine Business-School in Kirgisien ausgearbeitet im Schreibtisch liegen.

Ansichten zur Vergänglichkeit

Alex ist tot. – Heimlich, still und leise hat er sich aus dem Staube gemacht. Nicht nur, dass er nicht mehr da ist, hat mich traurig gemacht, sondern auch die Art und Weise seines vorhersehbaren Ablebens.

Wir kannten uns mehr als dreißig Jahre. Damals waren wir beide als wissenschaftliche Assistenten an der Uni zusammengetroffen. Zeitweise haben wir dann auch die Freizeit miteinander verbracht und viel über unsere Zukunft philosophiert. Er war ein Perfektionist und ein Zauderer. Wenn beides zusammenkommt, kann das zu einem menschlichen Problem werden. Bei Alex war das so. Für seine Dissertation brauchte er schon so sieben bis acht Jahre. Die ursprüngliche Problemstellung hatte sich zwischenzeitlich neu dargestellt, und er musste sein Thema umformulieren und wieder von vorne beginnen. Als jemand, der schlecht nein sagen konnte, ließ er sich an der Uni vor den einen oder andere Karren spannen und musste Arbeiten leisten, für die andere dann die Meriten einstecken. Es fehlte ihm auch die Kraft, was Neues zu beginnen. Und so blieb er einfach in seinem kleinen Büro hocken. Er war schon knapp vierzig, als es endlich mit der Habilitation klappte, was aber an seinem Status an der Hochschule zunächst nichts wesentlich änderte.

Er lebte mit Susanne zusammen in einer Mietwohnung in einem Mehrfamilienhaus. Sie war Chefsekretärin in einer Bank und vielbeschäftigt. Für meinen Geschmack führten sie ein beschauliches und etwas betuliches Leben. Alex beim wilden, leidenschaftlichen Sex war auch nur schwer vorstellbar. Für einen Außenstehenden wirkte die Beziehung auch etwas fade und langweilig. Kinder hatten sie nicht, aus welchem Grund auch immer. Als begeisterte Radler verbrachten sie die Ferien mit anspruchsvollen Radtouren.

Das ohne Höhen und Tiefen dahinplätschernde Leben der beiden wurde dann vor etwa zehn Jahren durch zwei Ereignisse mächtig aus den Angeln gehoben. Zunächst erhielt Alex endlich die langersehnte Professur an der Hochschule in einer Nachbarstadt. Und dann verließ ihn Susanne von einem Tag auf den anderen. Sie hatte einen neuen Chef bekommen, sich in ihn spontan und aufs Heftigste verliebt, und er hatte ihretwegen seine Familie verlassen. So saß Alex jetzt alleine in seiner Wohnung, beruflich am Ziel seiner Träume aber dennoch privat tief verbittert.

Er stürzte sich noch mehr in seine Arbeit. Ich glaube, privat lief nicht sehr viel. Jedenfalls sah ich ihn niemals mit einer Frau oder mit Freunden. Partys, auf denen man sich früher schon mal getroffen hatte, mied er jetzt eher mit dubiosen Entschuldigungen. Man hatte das Gefühl, er entwickelte sich zu einem kauzigen Sonderling.

Vor einem Jahr verbreitete sich dann die Nachricht, dass Alex schwer erkrankt sei — Bauchspeicheldrüsenkrebs im fortgeschrittenen Stadium. Solange ich ihn kenne, hatte er weder geraucht noch habe ich ihn jemals betrunken erlebt. So ein langweilig-solides Leben scheint jedenfalls auch keine Garantie zu bieten, ungeschoren davonzukommen. Vielleicht fehlt es ihm an der richtigen Lockerheit und positiven Lebenseinstellung.

Ich habe ihn dann mal besucht, wollte ihm Mut machen. Aber das hat nicht geklappt. Er wirkte sehr zugeknöpft und depressiv, wollte aber auch keine Gefühle zeigen und offensichtlich niemanden in sein Inneres hineinlassen. Zwei Monate später erhielt ich die Nachricht von seinem Tod. Er hatte wohl einfach keine Lebensfreude mehr gehabt und sich wehrlos seinem Schicksal hingegeben. So hatte er sich dann heimlich, still und leise vom Acker gemacht.

Waren seine letzten Jahre schon ziemlich trist gewesen, so war es die Beerdigung erst recht. Sicherlich ist in unserer Kultur der letzte Weg eines Menschen vom Ansatz her schon keine Spaßveranstaltung, aber mancher Abgang kommt doch in den Rang eines gesellschaftlichen Ereignisses. Nicht so bei der Abschiedsvorstellung von Alex. Ein in den USA lebender Bruder hatte, so gut es ging, die Beerdigung über ein entsprechendes Dienstleistungsunternehmen organisiert. Die Uni hatte einen Nachruf in die Zeitung gesetzt mit den in solchen Fällen üblichen Lobpreisungen des Dahingeschiedenen. So waren dann etwa zwanzig Personen in die Leichenhalle gekommen, unter anderem auch Expartnerin Susanne. Ein deutlich halbprofessioneller Beerdigungsentertainer hatte seine Standardrede gehalten, der Dekan seiner Uni hatte noch ein paar warme Worte angefügt, und dann war der Sarg entfernt worden. Alex hatte verfügt, eingeäschert zu werden.

Ganz ehrlich – so stelle ich mir mein eigenes Finale nicht vor. In einem Leben von fast sechzig Jahren sollte man doch ein paar Duftmarken gelegt haben, die einem einen etwas spektakuläreren Abgang verschaffen. So sang- und klanglos einfach verschwinden, ohne dass es jemanden wirklich betroffen macht, das allein könnte einen schon traurig machen. Aber ansonsten habe ich keine konkreten Vorstellungen über das weitere Sein und Scheiden.

Alex war zwei Jahre jünger gewesen als ich. Das sollte auch mir die Endlichkeit meiner Existenz eigentlich deutlich machen, aber ich kann und ich will mich damit nicht beschäftigen. Bekannte in gleichem Alter berichten mir von ihren Testamenten, Patientenverfügungen und notariell bestätigten Vollmachten für den Fall von eigener Handlungsunfähigkeit durch Demenz, Schlaganfall oder sonstigen Verfallsvarianten. Ich mag das nicht, und ich halte es auch nicht für nötig, jedenfalls im Augenblick. Mit dreißig kommt man doch auch nicht auf die Idee, seinen Abgang notariell vorzubereiten, und auch mit dreißig stirbt schon so mancher. Es gibt also überhaupt noch nicht die Notwendigkeit, sich in eine persönliche Endzeitstimmung zu versetzen.

Dazu passend fand ich neulich in der Zeitung einen Artikel, in dem von britischen Forschern berichtet wurde, die in einer breit angelegten Untersuchung herausgefunden hatten, dass es nur vier einfacher Regeln bedürfe, um das Leben um immerhin vierzehn Jahre zu verlängern: Nicht rauchen, etwas Sport treiben, nur mäßig Alkohol trinken und täglich fünf Portionen Obst und Gemüse essen. Regel eins und zwei werden von mir geradezu vorbildlich erfüllt, bei drei und vier würde ich vielleicht jeweils fünfundzwanzig Prozent vom Optimum abziehen (vielleicht auch fünfzig, wenn ich ehrlich bin). Mit drei von vier Punkten müssten also noch mindestens zehn zusätzliche Jahre drin sein. Außerdem ist meine genetische Disposition auch nicht schlecht, denn beide Elternteile erfreuen sich noch mit Mitte achtzig einer erstaunlich stabilen Konstitution. Dazu bin ich lebensbejahend, lebe in einem stabilen sozialen Bezugsrahmen und habe noch viele Lebenspläne. Kurz und gut: Der Tod in absehbarer Zeit passt in ein solches Lebensmodell überhaupt nicht hinein. Ich habe einfach keine Zeit zum Sterben. So viel zu meiner physischen Zukunft!

Was die Psyche angeht, soll der Mensch angeblich mit zwanzig sein eigenes Weltbild schon fertig im Kopf haben, um es dann für die nächsten vierzig Jahre in den Keller zu packen, d.h. nicht mehr zu reflektieren, geschweige denn, in Frage zu stellen. Erst mit dem Näherrücken des Todes soll nach verbreiteter Meinung eine Neubesinnung über das eigene Dasein stattfinden, vermutlich aus Angst davor, dass man zur Erreichung einer Aussicht auf einen paradiesischen Endzustand etwas Wichtiges versäumen oder durch falsches Denken und Handeln womöglich leichtfertig aufs Spiel setzen könnte.

Was den ersten Teil der weltanschaulichen Ausrichtung angeht, so trifft das bei mir schon zu. Nie wieder in meinem Leben habe ich so viele philosophische Werke gelesen wie in meiner Jugend, Nietzsche, Heidegger, Sartre und sogar Aristoteles. Ich hatte dabei ein tiefgreifendes Bedürfnis herauszufinden, was denn für mein Leben bestimmend sei. Das Ergebnis meiner Recherchen in eigener Sache war dabei schlicht auf eine kurze Formel gebracht, dass ich es nur selbst sein könnte. Konsequenterweise bin ich dann mit achtzehn Jahren auch aus der Kirche ausgetreten. Da spielten also ökonomische Aspekte nicht die geringste Rolle.

Mit dieser Einstellung bin ich bisher ganz gut im Leben zurechtgekommen. Auch sind mir dabei keine Selbstzweifel gekommen. Ich muss aber zugeben, dass ich mir in den letzten Jahrzehnten auch wenig Zeit genommen habe, meine philosophischen Studien und Selbstreflexionen fortzuführen. Und jetzt im fortgeschrittenen Alter die gesamte geistige Lebensgrundlage aus Angst vor dem Danach in Frage zu stellen, das scheint mir doch ein ziemlich billiger Opportunismus zu sein.

Ich kann auch nicht verstehen, was zum Beispiel die alten Mütterchen täglich in die Kirche treibt. Ist es wirklich die anerzogene und erworbene Angst, man könne ewige Höllenqualen leiden, wenn man nicht täglich reflexartige und eigentlich hirnlose Rituale vollzieht? Die Hälfte der US-Bevölkerung ist sogar mittlerweile davon fest überzeugt, ein übermächtiger Onkel mit einem weißen Rauschebart sei vor sechstausend Jahren auf einer Wolke eingeschwebt und habe hier die ersten beiden Menschen zusammen mit ein paar Hühnern und Meerschweinchen ausgesetzt. Und mit diesem Blödsinn versuchen sie quasi als postmoderne Kreuzritter den Rest der Menschheit auf ein mittelalterliches Weltverständnis zurückzubomben. Da kann einem schon angst und bange werden.

Angesichts dieser weltanschaulichen Rückwärtsentwicklungen frage ich mich, was denn vom Geist der Aufklärung noch übrig geblieben ist. Es mag ja borniert klingen, aber ich halte mich einfach für zu intelligent, um an eine von außen steuernde Kraft zu glauben, die nun gerade an meinem kleinen Dasein Interesse finden sollte; und das bei annähernd sieben Milliarden ähnlich gelagerter Fälle, wenn man nur an die gerade Lebenden denkt. Dazu kommen die unzähligen übrigen Existenzen von der Amöbe bis zum Menschenaffen oder genmanipulierten Riesenkaninchen. Wie steht es um deren transzendentale Anknüpfung? Gar nicht zu sprechen von den Lebensformen, die in der gesamten Erdgeschichte schon vor uns abgelebt sind. Über das Seelenheil des Tyrannosaurus Rex ist mir jedenfalls aus der geistlich orientierten Literatur bisher noch nichts bekannt. Fragen über Fragen, und die Antworten der selbst ernannten Experten aus den Kirchen verflüchtigen sich im Nebel schöner Worte mit wenig Inhalt.

Ich hatte schon immer den Verdacht, dass dieser gesamte organisierte Glaube mehr am diesseitigen Business als am Jenseits interessiert ist. Mit zwei evangelischen Pastoren hebe ich hin und wieder mal einen, nach dem Motto: Mit Geistlichen bei geistigen Getränken die geistigen Horizonte ausloten. Diese studierten Profis des Seelenheils vertreten dabei mittlerweile Ansichten über Formen transzendentaler Kräfte, die so abstrakt sind, dass sie von meinen persönlichen Vorstellungen nur noch unwesentlich abweichen.

Bei uns scheinen vor allem die Fußballer noch an den vom lieben Gott geführten Spannschuss zu glauben. Anders lassen sich die Kurzandachten kaum erklären, die häufig nach erfolgreichem Abschluss auf dem heiligen Rasen stattfinden. Aber über die Intelligenz von Fußballern ist ja auch schon genügend geschrieben worden.

Was bleibt also von uns übrig außer ein wenig Humus oder Asche? Ein schlauer Professor schrieb neulich in der Zeitung dazu, nach seiner Meinung sei es beim menschlichen Tod ähnlich wie beim Defekt einer Computer-Festplatte; zunächst entsteht eine heftige Überspannung, in der noch einmal alle Kräfte gebündelt auftreten und eine konzentrierte Energie freisetzen, um im nächsten Augenblick zu einem endgültigen Spannungsabfall mit dem Verlust aller

Daten zu gelangen. Da ich von Elektrotechnik keine Ahnung habe, kann ich nichts dazu sagen, ob es beim Ende des elektronischen Speichermediums tatsächlich so ist, aber das Bild gefällt mir ganz gut.

Es war auch interessant zu verfolgen, welche heftigen Reaktionen in Form von Leserbriefen geistliche Laien und Profis dieser Ansicht entgegenwarfen. Da fühlten sich einige durch diese Meinungsäußerung tatsächlich in ihrer persönlichen Ehre gekränkt, als ob ihnen der Schreiber ans Bein gepinkelt hätte. Das erinnert doch sehr an einen so genannten Fundamentalismus, den diejenigen, die sich so fürchterlich aufregen, sonst eher anderen Religionen ankreiden. Offensichtlich geht es den an das Jenseits Glaubenden nicht nur um das eigene Seelenheil sondern auch um die vermeintliche Rettung der Ungläubigen.

Ich könnte mir die Frage stellen, was nach dem Stillstand meiner Körperfunktionen ganz sicher von mir bleiben wird. Die Antwort darauf ist mir eigentlich nicht so wichtig, aber ich will mich mal trotzdem drauf einlassen. Da bleiben sicherlich die Gene in den Körpern meiner Kinder. Falls sich diese doch noch zur Fortführung des Böhmer-Stammbaums bereit finden sollten, wird davon dann in den nächsten Generationen ein allerdings immer kleiner werdender Anteil die weitere Evolution mitbestimmen. Ein Muttermal links am Hals und ein markantes Kinn sind dabei offensichtlich dominante Markenzeichen für die Böhmer'sche Hauptlinie der nächsten Generationen.

Neben diesen äußeren Merkmalen bleibt hoffentlich das soziale Kapital den nächsten Generationen noch erhalten. Wenn die Kinder auch phasenweise nichts anderes im Kopf zu haben schienen, als uns zu beweisen, dass ihre Sozialisation das Gegenteil von unseren Absichten bewirkt hätte, so tritt doch zunehmend eine gewisse Harmonisierung ein. „Das passt schon!", könnte Nora heute dazu sagen.

Aber ich will mir auch nichts vormachen. Wenn schwierigere Zeiten kommen sollten, dann könnten die Tugenden, die wir den Kindern vermittelt haben, ganz schnell auch wieder auf dem gesellschaftlichen Prüfstand stehen. Die Zeiten und die sozialen Optionen ändern sich. Von meinen Urgroßeltern weiß ich so gut wie gar nichts mehr, und ich bezweifle, dass deren Lebens- und Erziehungsgrundsätze noch irgendeinen Einfluss auf mein eigenes Leben gehabt haben. Und da von ihnen außer den Erbinformationen in anderen Körpern nichts mehr übrig geblieben ist, ist es sowieso egal.

Ansonsten wird von mir etwas an gestalteter Materie übrig bleiben: Ein Haus, dessen Nachbesitzer vermutlich alles wieder abreißen und umgestalten, weil sie einen völlig anderen Geschmack haben und ein paar Sandsteinskulpturen, für deren Ausstellung sich vermutlich kein Museum interessieren und keine Bildungsbeflissenen Schlange stehen werden. Ein paar Fachbücher habe ich geschrieben, über Wirtschaftsethik, Globalisierung und die soziale Idee im Kapitalismus, mit deren Erkenntnissen ich meiner Zeit ein ziemlich großes Stück voraus war. Dafür könnte mir posthum der Nobelpreis für Wirtschaftswissenschaften verliehen werden, vielleicht auch der Friedens-Nobelpreis, aber sehr wahrscheinlich ist das auch nicht. Dann gibt es da noch ein paar Dutzend sozialverträgliche Unternehmen, die vermutlich ohne meine Einflussnahme schon vor Jahren aus dem Handelsregister gelöscht worden wären. Damit konnte ich dazu beitragen, einigen Menschen ihre Existenz zu sichern und ein schönes Leben zu führen.

Also zusammenfassend würde ich für diese Zwischenbilanz feststellen, dass mein bisheriges Dasein so ganz schlecht nicht war, aber der ganz große Wurf war es auch nicht. Aber wer kann das auch schon von sich behaupten. Jedenfalls fällt mir spontan niemand ein, mit dem ich mein gegenwärtiges Leben mit allem, was so dranhängt, tauschen möchte.

Außerdem bleibt mir ja auch noch vermutlich genügend Zeit, um einige Akzente zu setzen. Man muss die Dinge positiv sehen. Zunächst ist das Glas höchstens dreiviertel voll, das heißt, bei einer Lebenserwartung von vielleicht achtzig Jahren bleibt mir noch mehr als ein Viertel. Fünfundzwanzig bis dreißig Prozent des Films liegen also noch vor mir. Die kann man doch nicht damit vergeuden, auf einer Bank in der Sonne zu sitzen und über alte Zeiten zu schwadronieren. Dieses Viertel sollte doch das reichhaltigste und angenehmste der ganzen Party sein. Sämtliche Pflichtaufgaben sind hinreichend erfüllt. Was jetzt kommt, ist die reine Kür.

Und die Voraussetzungen sind dafür so schlecht nicht. Bis auf die altersbedingten Verschleißteile läuft die Maschine noch ganz gut. Außerdem legt sich die Medizintechnik mächtig ins Zeug, um mit den neuesten naturwissenschaftlichen Errungenschaften unserem Verfallsprozess entgegenzusteuern. Bei der großen Zahl von älteren Exemplaren verspricht das ein richtig dickes Geschäft mit den Ersatzteilen zu werden. Man sollte nur darauf achten, dass die Inspektionsintervalle etwas kürzer anzusetzen sind. Und für die steigenden Reparaturkosten sollten Rückstellungen gebildet werden.

Dann sollte natürlich die Software aktuell bleiben. Was nützt eine gute Mechanik, wenn die Apparatur nicht mehr mit dem Umfeld kompatibel ist, weil niemand mehr Betriebssystem und Anwendungsprogramme versteht. Ich will und werde mich nicht von wichtigen gesellschaftlichen Entwicklungen abhängen lassen. Ich kenne sämtliche Funktionen meines Handys der letzten Generation einschließlich Bluetooth, UMTS mit WAP und Voice Dialing. Da lasse ich mir auch von einem arroganten siebzehnjährigen Besserwisser nichts vormachen. Ich verbringe täglich mehr Stunden im Internet als vor dem Fernseher. Bei ebay habe ich mittlerweile einen grünen Stern.

Die Entwicklung der TV-Programme empfinde ich als eine Beleidigung der Intelligenz der Zuschauer. Vermutlich liegt eine der Ursachen zunehmender Altersdemenz im übermäßigen Konsum der Programme von Privatsendern. Das Problem vieler Ruheständler ist die wachsende Denkfaulheit. Wie heißt es so drastisch: „Der Fisch stinkt zuerst am Kopf." Mein Denkorgan soll noch möglichst lange gesund riechen.

Ein wacher Geist ist wichtig, aber ein gesundes Gefühlsleben ist es ebenso. „Denk positiv" hört sich logisch und einfach an, ist es aber manchmal nicht. In letzter Zeit sind Lachseminare in Mode gekommen. Da sieht man dann eine Gruppe von meistens schon etwas angegrauten Individuen völlig grundlos und etwas hohl über längere Zeiträume laut lachen. Ich glaube nicht, dass das irgendwelche Probleme löst. Ein echtes Lachen gelingt nur dann, wenn es auch was zum Lachen gibt. Und dazu bedarf es einer positiven Grundstimmung. Manchem Zeitgenossen, der als Miesepeter durch die Welt läuft, wird unterstellt, er gehe wohl zum Lachen in den Keller. Da ist er dann alleine mit sich und seinen Problemen. Lachen kann man eigentlich nur richtig in der Gemeinschaft.

Und da sehe ich den dritten wichtigen Anspruch an ein gesundes Älterwerden. Der Wolf, der vom Rudel ausgestoßen wird, geht alleine in die Taiga und stirbt. Auch wir sind Rudelwesen und brauchen den Kontakt. Die Zweierbeziehung alleine reicht da auf Dauer nicht aus. Jeden Tag sehe ich vor meinem Büro mehrmals ein älteres Paar mit einem kleinen Hündchen vorbeilaufen, seit Jahren. Dabei sind sie noch nie nebeneinander gegangen; meistens geht er so fünf bis zehn Meter vorweg. Wahrscheinlich haben die beiden sich nichts mehr zu sagen, bilden nur noch eine Versorgungsgemeinschaft.

Mit zunehmendem Alter wird es schwieriger, neue Kontakte zu knüpfen. Das liegt wohl daran, dass man sich in seinen eingefahrenen Spuren vorwärts bewegt oder auf der Stelle tritt. Bei vielen Älteren beobachte ich auch ein gewisses Misstrauen gegenüber Fremden. Die boomende Sicherheitsindustrie lebt vermutlich größtenteils von dem wachsenden Bedürfnis nach einbruchsicheren Wohnungen älterer und alleinstehender Menschen. Da verbarrikadieren sie sich dann jeden Abend hinter videoüberwachten Haustüren mit Panzerriegelschlössern, mit Bewegungsmeldern und Außensirenen und schauen im Fernsehen Sendungen über die Verbreitung des Bösen in unserem Lande.

Ich habe aus dieser Erkenntnis zwei Konsequenzen abgeleitet. Zunächst ist es wichtig, die alten Freundschaften zu pflegen, sich ab und zu mal zu melden, einzuladen, gemeinsam ein Wochenende oder einen Urlaub zu verbringen. Bei alten Freunden kann nichts schiefgehen; jeder kennt die Marotten des anderen. Wenn Ludger so kurz vor Mitternacht die Marseillaise anstimmt, weiß jeder, der ihn kennt, dass er innerhalb der nächsten halben Stunde abstürzen wird. Er steht dann einfach auf, gluckst: „Liberté, Égalité, Fraternité" und wankt ins Bett. Am nächsten Morgen erwähnt er den vorherigen Abend niemals auch nur mit einer Silbe, und die alten Freunde tun es auch nicht. Aber die Zahl dieser Verbindungen nimmt dennoch im Laufe der Zeit ab, durch Desinteresse, Trennungen, Umzüge oder einfach so.

Deshalb bemühe ich mich schon um neue Kontakte. Das setzt aber auch die Bereitschaft voraus, sich auf neue Pfade zu begeben. „Wer etwas haben möchte, was er noch nie hatte, wird wohl etwas tun müssen, das er noch niemals tat", stammt leider nicht von mir, hab' ich mal irgendwo gelesen und finde ich gut. Eine Trekking-Tour durch Usbekistan oder ein Japanisch-Kurs an der Volkshochschule gaben mir neue, unerwartete Erfahrungen und haben mich mit interessanten Leuten zusammengebracht.

Dabei ist mir auch wichtig, nicht alles mit Hanna gemeinsam zu machen. Jeder sollte schon auch seine eigene Jodelschule besuchen und dort was für sich alleine aufbauen. Paare, die nur noch aufeinanderhocken, verlieren den Außenkontakt völlig. Nicht auszumalen, wie es weitergehen soll, wenn dann plötzlich nur noch einer von beiden allein in der Welt steht. Und über Sex und Fußball kann ich mich auch nur mit Männern unterhalten. Außerdem tut hin und wieder ein bisschen Erholung voneinander in einer langjährigen Beziehung auch ganz gut.

Letzten Herbst bin ich in einen Fallschirmspringer-Club eingetreten. Ein echt geiles Gefühl, so alleine durch die Lüfte zu schweben. Ich bin dort mit Abstand der Älteste.